Praxishandbuch City Bound

**Erlebnisorientiertes soziales Lernen
in der Stadt**

Barbara Deubzer, Karin Feige (Hrsg.)

ziel
Gelbe Reihe : Praktische Erlebnispädagogik

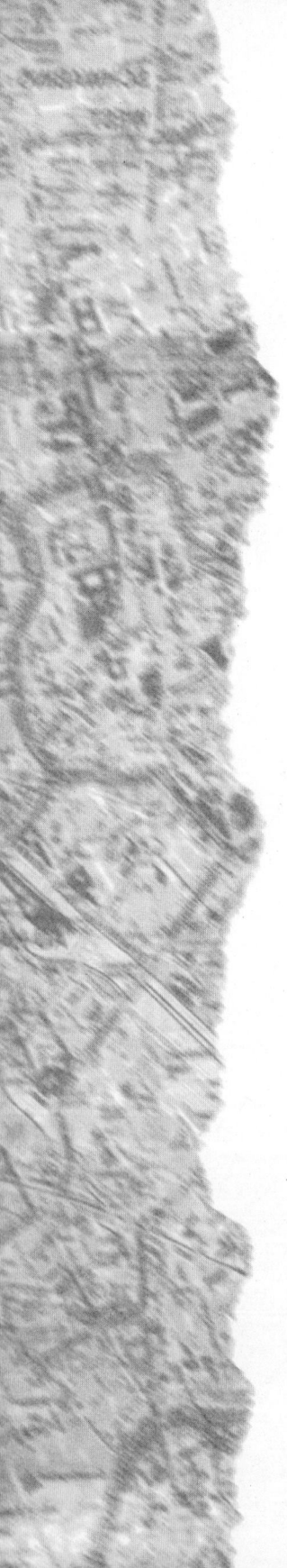

Wichtiger Hinweis des Verlages: Der Verlag hat sich bemüht, die Copyright-Inhaber aller verwendeten Zitate, Texte, Bilder, Abbildungen und Illustrationen zu ermitteln. Leider gelang dies nicht in allen Fällen. Sollten wir jemanden übergangen haben, so bitten wir die Copyright-Inhaber, sich mit uns in Verbindung zu setzen.

Inhalt und Form des vorliegenden Bandes liegen in der Verantwortung der Herausgeber bzw. der Autoren.

Bibliografische Information der Deutschen Nationalbibliothek
Die Deutsche Nationalbibliothek verzeichnet diese Publikation in der Deutschen Nationalbibliografie; detaillierte bibliografische Daten sind im Internet über *http://dnb.d-nb.de* abrufbar.

Printed in Germany

ISBN 978-3-937 210-09-4

Verlag	ZIEL – Zentrum für interdisziplinäres erfahrungsorientiertes Lernen GmbH Zeuggasse 7–9, 86150 Augsburg, www.ziel-verlag.de 1. Auflage 2004, Nachdruck 2010
Grafik und Layoutgestaltung	*alex media* Zeuggasse 7, 86150 Augsburg
Druck und buchbinderische Verarbeitung	Kessler Druck + Medien Michael-Schäffer-Straße 1 86399 Bobingen

Gedruckt auf Recystar matt (100% Altpapier, „Blauer Engel")

Quellennachweis des Fotomaterials:

www.BilderBox.com – Titelbild
Munichpress, Günther Reisp – S. 128
Barbara Deubzer – S. 11, 14, 17, 18, 30, 31, 37, 43, 49, 51, 62, 103, 106, 107, 108, 111, 118, 131, 135, 141, 143, 144
Karin Feige – S. 22, 39, 47, 149
Andrea Niedermaier und Jiri Katlic – S. 26, 61, 67, 72, 143
Susanne Kaiser – S. 27, 82, 86, 91, 94

Praxishandbuch
City Bound
Erlebnisorientiertes soziales Lernen in der Stadt

Vorwort

Auch wenn es immer noch einige gibt, die von einer Mode sprechen, wenn sie den Begriff Erlebnispädagogik hören, so hat dieser Ansatz handlungsorientierter Pädagogik inzwischen seinen eigenen Platz in vielen pädagogischen Arbeitsfeldern gefunden. Es liegt deshalb nahe, vermehrt darüber nachzudenken, wie erlebnispädagogische Methoden in pädagogische Alltagssituationen zu integrieren sind.

City Bound bietet dazu einen hervorragenden Ansatz. Wird dafür doch ein dem Klientel meist bekanntes und vertrautes Umfeld genutzt, um völlig neue Erfahrungen zu ermöglichen. Der eigentlich vertraute Lebensraum wird aus einem völlig neuem Blickwinkel gesehen ebenso wie das Selbst in gewohnter Lebensumwelt neu erfahren werden kann. Womit sich die Hoffnung verbindet, dass ein späterer Transfer der Erfahrungen in den Alltag auch leichter fallen möge als bei so manchen exotischen Outdoorevents, die oft die Vermutung nahe legen, sie würden den Freizeitinteressen von Pädagoginnen und Pädagogen mehr entgegenkommen, als dass sie zielgruppenspezifisch bewusst und pädagogisch überlegt ausgewählt seien.

Die Stadt, ein pädagogisch eher negativ besetzter Ort. Weckt er doch Assoziationen von Gefahr, Lebensfeindlichkeit, Unruhe, Masse, Hektik und Konsum. Kann darin denn pädagogisch wertvolles Soziales Lernen verborgen sein? Die Stadt als Herausforderung des Selbst, reizt durch eine große Vielfalt an Lebensräumen und herausfordernden Arrangements, die pädagogisch sehr wohl genutzt werden können. Im Mittelpunkt stehen bei City Bound soziale Kompetenzen, die entwickelt, weiter entwickelt und in neuen, oft unerwarteten Situationen auf die Probe gestellt werden. Sie ermöglichen Selbstwahrnehmungen, fordern zu Reflexionsprozessen heraus und erfordern fast immer Kommunikations- und Interaktionsprozesse.

City Bound bietet sich somit als ideale Ergänzung zu den eher auf Wissensvermittlung ausgerichteten und in formalisierten Lernformen gebundenen Prozessen an. Vor allem schulisches Lernen kann so sinnvoll erweitert und persönlichkeitsbildend vertieft werden. Aber auch in betrieblichen Aus- und Fortbildungsprozessen spielen soziale Kompetenzen oft eine herausragende Rolle, weshalb auch hier City Bound Möglichkeiten eröffnet.

Gut, dass es Ansprechpartner gibt, die für City Bound auch als institutionalisierte Kooperationspartner zur Verfügung stehen. Hierzu bietet dieser Band ebenso einige hilfreiche Hinweise wie zu den oftmals kniffligen Fragen nach der Verantwortbarkeit von herausfordernden Situationen in pädagogischen Kontexten, in denen die TeilnehmerInnen nicht selten auf sich allein gestellt sind.

Herauskommen sollte ein Handbuch zum Nachlesen und zur theoretischen Fundierung ebenso wie eine Ideensammlung für künftige praxisorientierte Projekte. Die Autorinnen und Autoren haben sich damit ein ehrgeiziges Ziel gesteckt und die Leserinnen und Leser werden darüber entscheiden, wie praxistauglich sich das Werk erweist. Mut zum Ausprobieren durch das Kennenlernen von verschiedenen Einsatzmöglichkeiten macht es auf jeden Fall und vielleicht ist damit ja schon ein erster und somit wichtiger Schritt getan.

Klaus Umbach
Eglfing, im März 2004
(ehemaliger Geschäftsführer der Aktion Jugendschutz, Landesarbeitsstelle Bayern)

Vorwort der Herausgeberinnen

Unsere ersten praktischen Erfahrungen haben wir mit handlungsorientierten Outdoor-Projekten in der Erwachsenenbildung und mit erlebnispädagogischen Projekten in der Jugendarbeit gesammelt. Während der Projektphasen erkannten wir, dass wir die Dynamik der teilnehmenden Gruppe stärken, verändern und die Gruppenprozesse intensivieren konnten. Die Gruppe war Lernfeld und soziales Bezugssystem. Schade fanden wir, dass einige wichtige Inhalte sozialer Kompetenzen (Empathiefähigkeit, Aufgeschlossenheit, Toleranz, etc.) schwer vermittelbar waren …

Als wir vor einigen Jahren zum ersten mal City Bound Projekte durchgeführt haben, überraschte es uns sehr, welche Potentiale in diesem Ansatz vorhanden sind: Kommunikation mit „Fremden" und die Fähigkeit sich ihnen zu öffnen, mit ihnen zu reden, sich mit ihrer Lebenssituation auseinander zusetzten und Empathie zu empfinden, Toleranz zu leben – für uns wichtige soziale Kompetenzen im Miteinander.

Alltägliche Situationen erfahren einen Perspektivenwechsel. Die Teilnehmer und Teilnehmerinnen erleben sich als Akteure in ihrem Lebensraum und werden machtvolle Mitgestalter und Mitgestalterinnen in ihrem Umfeld.

Das Umfeld Stadt mit unterschiedlichen Kulturen, Lebenskonzepten und städtischen Strukturen (Behörden, Abwassersysteme, Grünflächen, Verkehrswege, geschichtliche und kulturelle Entwicklungen) bietet eine Fülle von Möglichkeiten, soziale Fähigkeiten auszuprobieren und sich diese kreativ und lustvoll anzueignen.

Um so erstaunlicher ist es aus unserer Sicht, dass der Ansatz City Bound in der Schule, Jugendarbeit und Mitarbeiterqualifikation sehr wenig verbreitet ist.

Unsere Begeisterung für City Bound motivierte uns dazu, dieses Praxishandbuch zu verfassen. Wir legten den Fokus auf die Praxis: kurze und knappe Einführung, unterschiedliche Praxisberichte als Ideenfundus und Beschreibung von möglichen Aktionen – hoffentlich animierend und hilfreich für zukünftige City Bound Projekte.

Barbara Deubzer und Karin Feige
München, im September 2004

Kurzprofil der Herausgeberinnen:

Barbara Deubzer promovierte in Biologie und absolvierte bei Outward Bound die Zusatzausbildung zur Erlebnispädagogin. Seit 1997 arbeitet sie freiberuflich als Erlebnis- und Naturpädagogin mit Unternehmen und sozialen Einrichtungen zusammen. So ist sie seit 2000 für die Praxistage bei der Ausbildung von PädagogenInnen und angehenden LehrerInnen im Bereich Erlebnispädagogik und City Bound an der Ludwig-Maximilians-Universität München verantwortlich.

Weitere Angaben zur Biografie siehe Seite 114

Karin Feige hat nach Outward Bound Seminaren und einer City Bound Fortbildung ein eigenes City Bound Konzept für Schulklassen entwickelt. Sie arbeitet seit 1995 mit verschiedenen Schulen in München projektorientiert zusammen und ist auch im Fortbildungsbereich für Lehrkräfte und Sozialpädagogen tätig.

Weitere Angaben zur Biografie siehe Seite 60

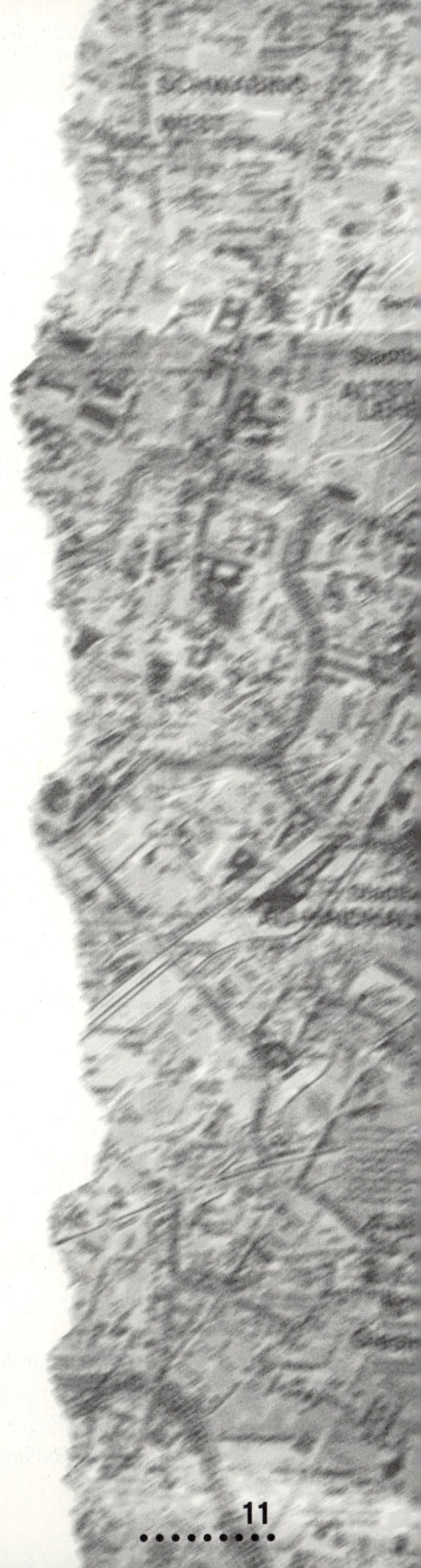

Theoretische Grundlagen

Karin Feige, Barbara Deubzer

1. Theoretische Grundlagen

1.1 Geschichte und Ursprung

Im 18. Jahrhundert wurden durch Jean-Jacques Rousseau (1712–1778) Grundlagen zur Erlebnispädagogik gelegt. Er forderte, die Natur als Erziehungsmittel zu nutzen. Die Grundsäulen seiner Erziehungsphilosophie basierten auf der Wahrnehmung von Natur durch die Sinne, Lernen aus eigenständigen Erfahrungen und Handlungen, sowie der Bewegung in der Natur.

Als Begründer der Erlebnistherapie lässt sich Kurt Hahn (1886–1974) benennen. 1920 baute er das Landerziehungsheim „Salem" am Bodensee auf, welches er bis 1933 leitete. Kurt Hahn musste während des Nationalsozialismus aus Deutschland auswandern und ging nach England. Dort gründete er mit Lawrence Holt die erste erlebnispädagogisch orientierte Schule. Sein Umfeld für die Pädagogik war das Meer und aus diesem Hintergrund heraus wurde der Begriff von „Outward Bound" (frei übersetzt: Leinen los zum Auslaufen) geprägt. Nach dem Krieg kehrte Kurt Hahn nach Deutschland zurück und führte auch hier Kurz-schulprogramme ein (Outward Bound Schulen).

Er wandte sich mit seiner Pädagogik gegen die von ihm durch Beobachtungen festgestellten Disharmonien („Verfallserscheinungen") bei Jugendlichen, wie

- Mangel an menschlicher Anteilnahme (Verantwortungsgefühl, gegenseitige Hilfe, Wertschätzung, Toleranz)
- Verfall körperlicher Fitness und Intuition/Kreativität
- Mangel an Initiative/Spontanität
- Mangel an Achtsamkeit gegenüber der Umgebung/Natur

Sein Ansatz in der Erlebnistherapie basierte auf vier Stufen:

- die leichtathletische Übung bzw. körperliches Training
- die Expedition
- das Projekt
- der Rettungsdienst

Diese erlebnispädagogischen Grundelemente zielten auf Erlebnisse ab, die mit Selbstüber-
windung und Selbstentdeckung einhergehen (Heckmair B., Michl W., 2004) und sind auch
heute noch die Basis von Erlebnispädagogik in der Natur, bekannt unter dem Begriff „Outward Bound" (Heckmair B., Michl W., 2002; Eichinger W., 1995). Kurze Zeit später wurde
die Organisation „Outward Bound" gegründet, die die pädagogischen Ansätze von Kurt
Hahn aufgriff und zu eigenen Konzepten weiterentwickelte. Der Schwerpunkt Natur wurde
jahrzehntelang beibehalten und erweiterte sich erst in den 60er Jahren zu Programmen, die
dann in der Stadt stattfanden. Diese Programme liefen unter dem Namen „City Challenge"
erstmals in England (Eichinger W., 1995; Crowther C., 1998). In den 80er Jahren erfuhr
City Challenge eine Weiterentwicklung mit der Stadt als Lernort und wurde namentlich zu
City Bound. City Bound und Outward Bound Aktionen basieren auf handlungsorientiertem
Lernen mit Kopf, Herz und Hand (Gierer F., 1992).

1.2 City Bound – Erlebnisse in der Stadt?!

City Bound Pädagogik und Anbieter gibt es in verschiedenen Groß-Städten: New York,
Wien, Berlin und München (Eichinger W., 1995). Die Ansätze und Zielgruppen sind unterschiedlich: von Projekten für benachteiligte Jugendliche (Crowther C., 1998) bis zu Quali-
fizierungsfortbildung für Führungskräfte (Stefan Mühleisen, 2002; Crowther C., 1998).
Herausragendes Merkmal von City Bound ist, dass das Lernfeld meist dem Lebensbereich
der TeilnehmerInnen entspricht und so ganz nahe an ihrer eigentlichen Erfahrungswelt
anknüpft. Dadurch entsteht eine soziale und emotionale Nähe und der Bezug der Aktivitäten
zum Alltag lässt sich leichter herstellen, als in dem Erholungsraum Natur (Eichinger W.,
1995; Gierer F., 1995).

Oft wird die Stadt als Ort des Konsums, der Reizüberflutung und der starren Strukturen
erlebt. Bei einem solchen persönlichem Empfinden über den eigenen Lebensort können
Jugendliche nur schwer lernen, Selbstvertrauen und Selbstwertgefühl zu entwickeln. Die
herkömmliche Auseinandersetzung mit der Stadt bietet somit wenig Gestaltungsspielraum
für die eigene soziale Situation.

City Bound hat die Zielsetzung, diese festgefahrenen Vorstellungen zu verändern und bietet allen TeilnehmernInnen verschiedene Möglichkeiten, sich selbst zu entdecken und ihre Beziehungen zu anderen Menschen zu hinterfragen, z. B. durch die Transparenz alter und rigider Einstellungen (Vorurteile) und Entdeckung neuer Ideen (Lefebvre, 1977) und Gestaltungsräumen. Bei Aktionen mit dem Umfeld „Stadt" finden nun Prozesse der Persönlichkeitsentwicklung und -bildung statt, denn kreative und gestaltbare Räume wirken identitätsbildend. Somit kann die Stadt als positiver Erlebnis- und Lebensraum erfahren werden. Gleichzeitig ist für die TeilnehmerInnen die Auseinandersetzung mit ihren Ängsten vor unbekanntem Terrain und Aufgaben, die neues Gedankenmuster fordern, möglich.

Wichtig für die Aktivitäten ist, dass die Aufgabenstellungen annehmbar und realisierbar sind, denn durch positives Erleben können neue Perspektiven erkannt und umgesetzt werden (Eichinger W., 1995). Entscheidend ist, dass die Aktionen mit den Interessen der TeilnehmerInnen und ihrer Lebens-/Erfahrungswelt in einem nachvollziehbaren Zusammenhang stehen.

Treffpunkt Mariensäule im Zentrum von München

1.3 Das pädagogische Potential

Die Stadt als Lernraum bietet unterschiedliche Möglichkeiten. Jedoch lässt sich ein Hauptschwerpunkt in den Metropolen herauskristallisieren: der Kontakt mit fremden Menschen und anderen Lebenswelten.

In diesem Bereich lassen sich Lernerfahrungen mit der Methode „Lernen durch Erleben" sehr einfach und effektiv gestalten. Die sozialen Kompetenzen (Kommunikation, Kooperation, Aufgeschlossenheit, etc.) und die eigene Empathiefähigkeit können erfahren und trainiert werden. Auch der Umgang mit Frustration und Zurückweisungen durch Fremde während der Aufgaben kann z. B. zum Erlernen von Durchhaltevermögen, Toleranz und Selbstmotivation verwendet werden.

Konkret werden pädagogischen Potentiale in vier Bereiche aufgeteilt:

Individuelle Lernmöglichkeiten
- Kontakt- und Kommunikationsfähigkeit einüben
- Verantwortung übernehmen und abgeben
- sich auf unbekannte Situationen einlassen, eigene Grenzen austesten
- Bewusstmachung von Fähigkeiten, Stärken und Schwächen
- Trainieren von kommunikativen, emphatischen und kreativen Fähigkeiten
- Toleranzvermögen
- Umgang mit Misserfolgen
- Handlungskompetenzen erweitern und Selbstsicherheit erlangen
- Berufsqualifizierung und Weiterbildung
- Vorurteile abbauen
- Empathie entwickeln

...

Lernmöglichkeiten für die Gruppe
- soziale Interaktion in der Gruppe
- Teamfähigkeit
- Konfliktfähigkeit
- Arbeitsteilung, „gemeinsam sind wir effektiver"
- Auseinandersetzung mit Vorurteilen, Klischees, starren Rollenbildern
- „Learning by doing", praktische Unterrichtsergänzung
- Orientierung in der Stadt

...

Lernfelder bezüglich des Lebensraums Stadt
- selbständige Orientierung (z. B. Stadtplan)
- Aneignung der Infrastruktur
- die Stadt neu erleben und erobern
- Vielfältigkeit der Stadt entdecken
- eigenen Gestaltungsraum in der Stadt entdecken
- Mitverantwortung erkennen

...

Lernfelder bezüglich der Kooperation von Einrichtungen
- Synergie-Effekte nutzen
- Arbeitsteilung
- Transparenz von unterschiedlichen Strukturen

...

1.4 Der Bildungsaspekt

Aufgrund der aktuellen Diskussion, ausgelöst nicht zuletzt durch die PISA-Studie und unterschiedliche Forschungen über Führungskräfte und MitarbeiterInnenqualifikationen (Richter C., 1995), ist dem Bildungs- und Qualifizierungsaspekt besondere Bedeutung zuzumessen. So wurden u.a. Defizite im räumlichen Denken, im sprachlichen Ausdruck, in der Kombinationsfähigkeit und im emphatischen Verhalten bei Kindern und Jugendlichen festgestellt.

Von Ausbildungsbetrieben aller Art und Unternehmen wird seit Jahren vermehrt Wert auf Schlüsselqualifikationen gelegt, also Teamfähigkeit, vernetztes Denken, Selbständigkeit, Kommunikationsfähigkeit etc. ... (Richter C., 1995; Weinert F. E., 1998).

Dazu braucht es entsprechende Lern- und Übungsmöglichkeiten, die oftmals von der Schule oder anderen Bildungseinrichtungen allein nicht zu leisten sind. In der Personalentwicklung ringen Qualifizierungsprogramme um einen effektiven Ansatz bei der Übermittlung von sozialen und empathischen Kompetenzen, was durch die Fülle an einschlägiger Literatur zu erkennen ist.

Die genannten Forderungen benötigen einen entsprechenden Lernrahmen, z. B. in Form eines längerfristigen Projekts mit Kindern und Jugendlichen oder einer ganzheitlichen Maßnahme bei Fortbildungen von MitarbeiterInnen. Da man die Projekte themenzentriert anbieten kann, also mit Schwerpunkt z. B. auf Suchtprävention, Berufsorientierung, interkulturelles Lernen, Aneignung von Institutionskenntnissen (wie funktioniert ein Arbeitsamt, Abwasseranlage), Auseinandersetzung mit sozialen Einrichtungen, sozialen Randgruppen oder Training der sozialen Kompetenzen im unternehmerischen Kontext, ist es leicht, Inhalte zu transportiert.

In den Zeiten immer knapper werdender finanzieller und personeller Ressourcen ist eine Kooperation zwischen Bildungseinrichtungen und Einrichtungen der Jugendarbeit oder freiberuflichen TrainerInnen eine gute Möglichkeit, Synergieeffekte zu nutzen und von dieser Vernetzung zu profitieren.

Für MitarbeiterInnen und Führungskräfte von Betrieben sollte die Förderung von sozialen Kompetenzen als Weiterbildungsangebot selbstverständlich sein. Nicht zuletzt gewinnt ein Betrieb mit sozial kompetenteren Mitarbeitern und steigert seine Effizienz (Stöger G., 1996).

Lebensberatungsstelle „Die Insel" in Münchner Zentrum

1.5 Pro und Contra Erlebnisraum Stadt

Um City Bound Aktionen anzubieten und zu konzeptionieren, ist es notwendig, sich über die Vor- und Nachteile Gedanken zu machen:

Pro:

- Materialaufwand und Materialausstattung der TeilnehmerInnen ist gering (es werden keine aufwändigen Klettergurte, Ausrüstungen benötigt, falls sich die Aktionen mit dem Trainieren von kommunikativen und empathischen Fähigkeiten befassen)
- Viele Möglichkeiten der sozialen und kommunikativen Interaktion mit Einheimischen und Fremden
- Soziale Brennpunkte thematisieren (z. B. Obdachlosigkeit, Ausländerfeindlichkeit, Arbeitslosigkeit)
- Auseinandersetzung mit Schnellebigkeit/Hektik (Stress und Reizüberflutung durch die Stadt an sich)
- Möglichkeiten einer hohen Erlebnisdichte und wechselnder Situationen durch die Vielfalt einer Stadt
- Sich als MitgestalterIn des Lebensumfeldes zu erleben
- Transparenz über Abläufe von öffentlichen Einrichtungen erlangen (durch zielorientierte Gestaltung der Aktionen)
- Die Stadt mit ihrer Polarität zur Verfügung zu haben
- Lebensnähe zu den TeilnehmerInnen (die Stadt ist der Lebens- und Wohnort der meisten Menschen)

Befragung der Münchner Verkehrsbetriebe

Contra:

- Gruppen- oder Einzelaufgaben werden zum Teil ohne Trainerbegleitung gelöst und können somit gemieden werden
- Gefahrenmöglichkeiten sind höher (Drogenverkaufsplätze, Sperrbezirke)
- Gesamt-Gruppenprozesse sind weniger vielfältig (meistens geschehen die Aktionen in Kleingruppen oder einzeln)

Fazit:

- Die Erlebnismöglichkeiten und Aktionsvarianten sind in der Stadt vielfältig und die Möglichkeiten zur Persönlichkeitsbildung können leicht und effektiv wahrgenommen werden, jedoch ist ein intensiver interner Gruppenprozess nur bei langfristigen Projekten erreichbar.

1.6 City Bound – eine Methode oder ein Ansatz?

City Bound wird oft als reine Anwendung einer Methode angesehen.

Bei einer Methode wird ein Szenario (hier der Erfahrungsort Stadt) gewählt, um als Medium für vorher definierte pädagogische Ziele zu fungieren und hat somit eine Träger-/Katalysatorfunktion (z. B. Seilgarten, Problemlösungsaufgaben).

Eine Stadt ist mehr als nur Träger oder Methode – sie ist experimenteller und unberechenbarer als z. B. die Natur (Crowther C., 1998). Durch die Vielfalt an Lebenskonzepten in den Städten und den Umgang mit fremden Menschen werden die Aktionen zu einem großen Grad unvorhersehbar. So kann man sagen, dass die Stadt wegen den unberechenbaren Faktoren als eigener Bestandteil anzusehen ist und in das Konzeptionieren von City Bound Aktionen miteinbezogen werden muss.

Ein weiterer Aspekt ist, dass mit jeder Teilnehmergruppe die pädagogischen Ziele neu definiert werden und neue Aufgaben aus dem Pool „Stadt" kreiert werden müssen. Somit gleicht kein Projekt dem vorangegangenen.

Dies führte dazu, dass wir City Bound als einen eigenen pädagogischen Ansatz betrachten.

1.7 Phasen der Projektentwicklung

Die Erfahrung zeigt, dass City Bound eine flexible Planung und Handhabung verlangt. Jedoch gibt es bestimmte Schritte, die vor und während eines Projektes stattfinden sollten. Diese einzelnen Phasen sind:

a) Ziele und Zielentwicklung

Zum einen können die Ziele von Institutionen (z. B. Schule oder Unternehmen) vorgegeben werden, zum anderen von den TeilnehmerInnen vorhanden sein (z. B. Wünsche und Interessen der TeilnehmerInnen) oder es findet vor dem eigentlichen City Bound Programm eine Zielentwicklung mit der Gruppe statt.

Mögliche Ziele:
Im *schulischen Bereich* können z. B. die Schwerpunkte bei der Vertiefung von Lehrinhalten liegen und/oder bei interkulturellen und städtischen Besonderheiten. Somit kann City Bound als unterrichtsunterstützende Einheit angesehen werden. Einige Beispiele werden in dem Artikel von Karin Feige beschrieben.

In der *Jugendarbeit* kann der Schwerpunkt auf Integration und der interkulturellen Arbeit liegen oder auf dem Testen von eigenen Fähigkeiten bei der Kommunikation mit fremden Menschen. Auch wäre es eine Möglichkeit, City Bound als andere Form der Suchtprävention oder Berufsqualifizierung zu verwenden. Viele unterschiedliche Schwerpunkte bieten sich an (siehe Artikel von Susanne Kaiser und Roland Wolff).

Im *universitären Ausbildungsbereich* oder bei der *Multiplikatorenausbildung* verlagern sich die Anforderungen mehr auf die Vermittlung von City Bound und dem Kennenlernen des pädagogischen und psychologischen Potentials dieses Ansatzes. Angehende LehrerInnen oder Menschen, die im sozialen Sektor tätig werden wollen, können sich ausprobieren und die eigenen Annahmen und Bilder über soziale Gruppen, Suchtprävention, interkulturelle Aufgabengebiete überprüfen. Durch eigene Erfahrung wird die Einsatzmöglichkeit des Ansatzes klar (siehe Artikel von Maya Kandler und Barbara Deubzer). In anderen Studienbereichen kann der Schwerpunkt auf Selbstwahrnehmung (z. B. für PsychologiestudentenInnen) oder auf „Stadt als Lebensraum" (SoziologiestudentInnen) liegen.

Im Bereich der *Weiterbildung bei Unternehmen* kann Wert auf die Überprüfung von Führungsqualitäten oder zur Unterstützung von sozialer Verantwortung gelegt werden. Oftmals findet ein Auseinandersetzen mit Lebensformen statt, die MitarbeiterInnen und Führungskräften fremd sind. So wird der persönliche Handlungsspielraum erweitert, Führungsqualitäten im sozialen Umgang gestärkt (siehe Artikel von Ute Bertel). Ebenso ist City Bound als Assessmentverfahren für künftige Führungskräfte sinnvoll.

Zielentwicklung:
Idealerweise sollte die TeamerIn mit der Gruppe oder den TeilnehmerInnen eine Ist-Analyse des momentanen Gruppenstandortes machen und den Soll-Zustand, wohin die Gruppe möchte, gemeinsam definieren. Dies verdeutlicht dann, welche Kompetenzen erweitert und gestärkt werden sollen. Das Ergebnis unterstützt den Zielfindungsprozess und die Zwischenziele können leichter definiert werden. Erst dann folgt die Konzeptentwicklung.

b) Konzeptentwicklung

Die Konzeptentwicklung beinhaltet folgende Schritte:

- Zieldefinierung mit den Zwischenzielen
- geeigneten Schwerpunkt zum Erreichen der Zwischenziele aussuchen und danach die Einzelaktionen wählen
- Organisation der Einzelaktionen
- Finden geeigneter Kooperationspartner
- Planung der Aktionen bzgl. Sicherheit, Rechtsgrundlagen, Zeit, Material, wann mache ich welche Aktion, Kompetenzen und Ausbildungen der LeiterInnen
- Durchführung der Aktion
- Reflexion und Transfer
- Überprüfung, wo die Gruppe steht
- Vergleich mit der Zielvorgabe
- Überprüfung des weiteren Vorgehens
- Dokumentation

BRK – Ausleihstelle für Rollstühle in München

Beispiel: *Schwerpunkt:*
> Menschen mit Behinderung

Einzelaktionen:
> Rollstuhlprojekt, Blindenprojekt, … .

Organisation der Einzelaktion – Rollstuhlprojekt:
> Rollstuhlbeschaffung; Überprüfung der Funktionstüchtigkeit des Rollstuhls, Einweisung in den Gebrauch des Rollstuhls, rechtliche Grundlage bei diesem Projekt, Absicherung der TeilnehmerInnen und wer haftet wann für was, zeitlicher Aufwand mit Reflexion und Transfer, … .

Durchführung des Projektes:
> Vorgaben, was die TeilnehmerInnen in der Stadt machen sollen, Sicherheitsregeln, Notrufkarte, Treffpunkt, … .

Reflexion und Transfer:
> Ort und Art der Reflexion – angepasst an den Rahmen der TeilnehmerInnen, Transfer auf die individuelle Lebenserfahrung und z. B. auf das Thema, wie geht es einem Menschen, der behindert ist – Vergleich der Annahmen und Bilder der TeilnehmerInnen – was hat dieses Projekt bewirkt, … .
> Wo steht die Gruppe und welches Projekt kann sich nun anschließen … .

Bei der Organisation der Projekte zeigte sich, dass oft neue Ideen und Aufgaben durch die Gespräche mit den Einrichtungen möglich werden. Viel Flexibilität und Hartnäckigkeit am Telefon wird von den LeiterInnen gefordert. Durchschnittlich dauert die Vorbereitung eines ca. 3-tägigen Projektes 1–1,5 Wochen am Telefon, Schreibtisch und vor Ort.

c) Freiwilligkeit

Eine wesentliche Vereinbarung von City Bound Aktionen ist „challenge by choice". Dies besagt, dass die TeilnehmerInnen souverän darüber entscheiden können, wie weit sie sich auf die angebotene Aktion einlassen, welchen Grad der Herausforderung sie annehmen wollen.

Die TrainerIn hat die Verpflichtung, die Entscheidung der TeilnehmerInnen zu akzeptieren und mögliche Umsetzungsvarianten anzubieten oder mit ihnen zu entwickeln.

d) Durchführung der Aktionen

Bei der Wahl der Aktionen soll auf einen klaren Bezug zum Ziel geachtet werden und soll spezifisch den Bedürfnissen der Gruppe angepaßt sein.

Als Ideenfundus können die beschriebenen Aktionen in den Artikeln im Unterpunkt 1.8 oder das Kapitel 5 dienen.

e) Reflexion und Transfer

Erst die Verknüpfung von Aktion mit der dazu notwendigen Reflexion setzt den entscheidenden Lernprozess in Gang (Eichinger W., 1995).

Reflexionen sind essentiell bei City Bound Programmen. Im Erzählen der eigenen Erlebnisse werden die Erfahrungen bewusst und können durch Rückfragen von TeilnehmerInnen oder LeiterInnen vertieft werden. Erfolgreiche oder hindernde Verhaltensmuster werden somit analysiert, neue Perspektiven aufgezeigt oder andere Strategien eröffnet. Die unterschiedlichen Berichte und Erlebnisse der TeilnehmerInnen bei ähnlichen Aufgaben ermöglichen Einblicke in andere Denkmuster und Herangehensweisen.

Das Erlebnis erhält durch die Reflexion eine Vertiefung und wird zum Erlernten. Dadurch wird es notwendig, genug Zeit zum Reflektieren bei den Einzelaktionen einzuplanen und auf ein unterstützendes Setting zu achten.

Durch die Reflexion der gemachten Erfahrungen und der dafür notwendigen sozialen Kompetenzen ist durch die Isomorphie (die Situation ist analog zur Lebenswelt der TeilnehmerInnen) von City Bound Aktionen der Transfer auf den Alltag der TeilnehmerInnen sehr leicht zu gestalten. Es werden z. B. die notwendigen Fähigkeiten bei einem Bewerbungsgespräch, bei einem Mitarbeitergespräch, bei der Berufswahl etc. schnell erkannt und bewusst. Da die Aufgaben von City Bound die sogenannten „soft skills" trainieren, werden diese Fähigkeiten im Laufe des Projektes vertieft und gefestigt.

f) Ressourcen

Heutzutage stellt sich häufig die Frage der Finanzierbarkeit. City Bound zeichnet sich als preiswerter Ansatz aus. Die Kosten für die Aktionen belaufen sich hauptsächlich auf Materialbeschaffung, Fahrkosten für alle Beteiligte und Honorarkosten für die LeiterInnen. Bei externer Übernachtung fallen entsprechende Kosten an, die jedoch durch Übernachtungsprojekte in öffentlichen Einrichtungen oder Anlagen minimiert werden können.

Es ist sinnvoll, einen festen Raum als ständige Anlaufstelle, Treffpunkt und Materiallager zu haben.

Die personelle Anforderung bei einem Projekt ist eine professionelle TrainerIn und, abhängig von der Gruppenstärke, weitere Betreuungspersonen. Diese können Lehrkräfte oder andere eingewiesene Personen sein.

g) Kompetenzanforderungen an die TrainerInnen

Die Zugänge zur Erlebnispädagogik sind sehr vielfältig, wie die Handlungsfelder auch – von Bergwandern, über Klettern, von Segeltörns bis zum Wildwasser fahren, von Expeditionen bis hin zum Survival. Somit lassen sich exakte und klar definierte Anforderungen an die Kompetenzen eines Trainers schwer definieren (Heckmair B., Michl W., 2004). Jedoch lassen sich drei Säulen von Fachlichkeit bei den Kompetenzen von ErlebnispädagogenInnen erkennen (Heckmair B., Michl W., 2002):

- die technisch-instrumentelle Kompetenz
- die sozialpädagogische Kompetenz
- die Persönlichkeit

Die technisch-instrumentelle Kompetenz umfasst bei City Bound sehr gute Stadtkenntnis, Wissen um die Gefahren und Eigenheiten der Stadt, logistische Fähigkeiten und fachsportliche Kenntnisse in sportlichen Bereichen. Die objektive Sicherheit (z. B. bei Material und bei risikoreichen Seilaktionen) muss garantiert werden. Auch soll die TrainerIn Methodik und Didaktik zur Vermittlung von Sicherheitsaspekten und Grundlagenwissen (Crowther C., 1998; Eichinger W., 1995) besitzen. Die Fähigkeit, Zielsetzungen des Kurses den Institutionen und Einrichtungen klar zu vermitteln, mit ihnen gemeinsame Erfahrungsmöglichkeiten für die TeilnehmerInnen zu planen und ein Netzwerk von Angeboten und Möglichkeiten zu entwickeln, ist essentiell. Eine Kommunikationsausbildung und Sensibilität für Sprache ist dabei sehr hilfreich.

Die sozialpädagogische Kompetenz beinhaltet, dass die TrainerIn auf die Bedürfnisse der TeilnehmerInnen eingehen kann und diese in den Aktionen berücksichtigt werden. Die TeilnehmerInnen sollen sich fachlich und emotional sicher fühlen und die Sicherheit spüren, dass sie neue Wege ausprobieren können und mit ihren Ängsten angenommen werden. Die TrainerIn soll eine umfassende Zielgruppenkenntnis haben, um Sprache und Reflexions-/ Transfermethoden adäquat anzupassen.

Die Persönlichkeit der TrainerIn ist sehr schwer zu definieren. Neben Selbstsicherheit, Empathie- und Motivationsvermögen, Belastbarkeit und Flexibilität haben wir die Erfahrung gemacht, dass Selbstvertrauen und Vertrauensfähigkeit in die TeilnehmerInnen sehr wichtig sind.

City Bound Aktionen zeichnen sich dadurch aus, dass sie schwer voraussehbar sind. Es kann immer was Unerwartetes geschehen. Somit braucht die TrainerIn das Vertrauen, mit neuen Situationen zurecht zu kommen und Wege zur Integration zu finden. Sei es, dass plötzlich die TeilnehmerInnen auf der Polizei landen oder dass bei der Reflexion ganz andere Ergebnisse da sind als geplant – es soll immer die persönliche Fähigkeit vorhanden sein, als TrainerIn damit umgehen zu können.

Das Vertrauen in die Eigenverantwortung der TeilnehmerInnen ist wichtig, da diese bei vielen Aktionen in der Stadt alleine unterwegs sind. Es ist keine unmittelbare Unterstützung möglich, kein „Beschützen", keine zeitnahe Möglichkeit der Intervention bei Konflikten und kein Eingreifen bei Übertreten der Regeln und Abmachungen. Das Akzeptieren der „Nicht-Kontrolle" und die Übergabe der Eigenverantwortung an die TeilnehmerInnen kann manchmal für die TrainerInnen sehr schwer sein.

Es zeigte sich, dass es sehr gut ist, wenn die TrainerInnen vorher eine Ausbildung im Bereich City Bound gemacht haben. Die Ausbildung sollte zuerst die Möglichkeit der Eigenerfahrung als TeilnehmerIn geben (Eichinger W., 1995), um dann die Metaebene der Methode City Bound und die perönlichen/fachlichen Anforderungen an die TrainerIn fundiert vermitteln zu können. City Bound Ausbildungen werden von City Bound Berlin, go-excellence und weiteren ReferentenInnnen angeboten.

1.8 Beschreibung von „typischen" Aktionen

Obwohl es bei City Bound um variable und situations- oder gruppenbezogene Aktions-angebote geht, gibt es doch „Klassiker", die bestimmte Zielsetzungen gut umsetzen (Crowther C., 1998; Eichinger W., 1995). Diese werden hier beschrieben und in den praxisbezogenen Artikeln im Kapitel 3 häufig genannt.

Gruppenfoto

Beschreibung:
Die Gruppe bekommt die Aufgabenstellung, an einem zentralen Ort 20 oder mehr Menschen mit unterschiedlichem kulturellem Hintergrund, Alter, Größe, Geschlecht plus einem Hund, 2 Kinderwägen etc. zu versammeln und von dieser Gruppe ein Foto zu machen.

Material: eine Sofortbildkamera

Zeitaufwand: 60 – 90 Minuten

Gruppengröße: 8 – 15 Personen

Pädagogisches Potential:
Kommunikationsfähigkeit einüben, Kooperation, Absprachen treffen, Zeitmanagement, Kontaktfähigkeit, Beobachtungsgabe, situatives Reagieren, Frustrationstoleranz, ...

Gruppenfoto am Chinesischen Turm München

Essen für die Gruppe organisieren

Beschreibung:

Drei oder vier TeilnehmerInnen aus der Gruppe organisieren ein preisgünstiges Abendessen in einem Restaurant oder Lebensmittel für ein Kaffeetrinken für die ganze Gruppe. Treffpunkt beim Kaffeetrinken ist ein belebter Ort.

Variante 1:

Zu der Gruppe müssen vier weitere Personen eingeladen werden (z. B. Obdachlose, Punker, Asylbewerber)

Variante 2:

Das Essen wird mit einem Tauschgeschäft organisiert, z. B. bieten die TeilnehmerInnen ihre Arbeitskraft an oder tauschen solange, beginnend mit einem Apfel und einem Ei, bis genügend Lebensmittel für ein Abendessen / Kaffeetrinken zusammen gekommen sind.

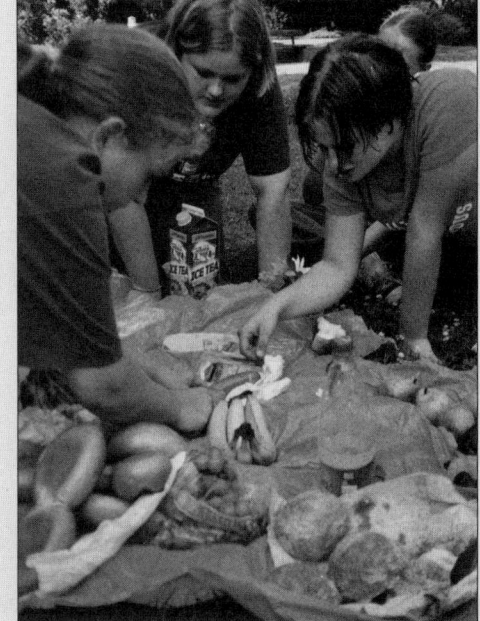

Die Ausbeute

Material: z. B. ein Apfel und ein Ei

Zeitaufwand: 3–4 Stunden

Gruppengröße: 3–4 TeilnehmerInnen

Pädagogisches Potential:

Kreativität, Flexibilität, Phantasie, Strategien entwickeln, Kommunikationsfähigkeit, Absprachen, Verhandlungsgeschick, Verantwortungsgefühl für die Gruppe, Überzeugungsfähigkeit, Angst vor Misserfolg überwinden, … .

Grenzerfahrung

Beschreibung:

Die TeilnehmerInnen sollen sich selbst eine Aufgabe stellen. Motto: Ich tue etwas, was ich schon immer tun wollte, mich aber nicht traute. Beispiele: mit dem Fahrer einer U-Bahn im Führerhaus mitfahren, mit den BewohnerInnen meines Traumhauses ein Gespräch führen (Wie lange wohnen Sie hier? Fühlen Sie sich in dieser Gegend wohl? …), in einem Obdachlosenheim/der Bahnhofsmission übernachten, ….

Variante:

die Aufgaben können vorgegeben werden

Material: die eigene Person

Zeitaufwand: zwei Stunden bis eine Nacht

Gruppengröße: alle TeilnehmerInnen, einzeln

Zielgruppe:

bei dieser Aktion ist zu beachten, dass sie nur mit Erwachsenen durchgeführt werden kann und nur legale Handlungen akzeptiert werden. Für ältere Jugendliche mit Abänderungen: Rechtsgrundlagen beachten (Aufsichtspflicht), bei Mitfahrten (öffentliche Verkehrsmittel, Polizei ..) Vereinbarungen mit dem Anbieter treffen!

Pädagogisches Potential:

Bewusstmachen, Zulassen und Überwindung der eigenen Ängste, Kontaktaufnahme, Selbstvertrauen, Überschreiten von üblichen Verhaltensmustern, sich auf Neues einlassen, Freiräume entdecken.

Ängste überwinden

Problemlösungsaufgaben

Beschreibung:
Die Gruppe bekommt eine Aufgabe gestellt, die nur gemeinsam zu lösen ist. Beispiel: eine Behörde, öffentliche Einrichtung auf Strukturen und Abläufe untersuchen (Arbeitsamt, Abwasserkanäle, psychiatrische Einrichtung, Obdachlosenunterkunft).

Material: Fragenkatalog, klare Aufgabenstellung,
vorherige Abklärung mit der Einrichtung durch den TrainerIn.

Zeitaufwand: 3–4 Stunden

Gruppengröße: 15 TeilnehmerInnen

Pädagogisches Potential:
Teamarbeit, Absprachen treffen, Kontakt und Kommunikation, Kenntnisse von Institutionen praxisnah, selbständige Aneignung, Flexibilität.

Und wohin geh ich jetzt??

Solo

Beschreibung:

Die TeilnehmerInnen bekommen eine Einzelaufgabe gestellt, die meditativen Charakter besitzt z.B. in einem Park mit geschlossenen Augen unter einem Baum sitzen und auf die anderen Sinne achten (welche Geräusche gibt es, wie fühle ich mich dabei), sich selbst an einem belebten Platz einen Brief schreiben und die vorangegangenen Aktionen reflektieren, … .

Zeitaufwand: 1 Stunde

Gruppengröße: alle TeilnehmerInnnen, einzeln

Pädagogisches Potenzial:

Rückzug auf sich selbst, Angstüberwindung, anderer Umgang mit Zeit, Grenzen austesten, Selbstreflexion.

Ruheinsel im Park

Rechtliche
Aspekte

Klaus Umbach, Barbara Deubzer

2. Rechtliche Aspekte

Bei erlebnispädagogischen Aktionen existiert eine Grauzone im Hinblick darauf, was aus pädagogischen und rechtlichen Aspekten verantwortbar ist.

Wichtig ist es, dass die Leitungskräfte von Angeboten, die ein erhöhtes Risiko beinhalten, entsprechende Kompetenzen nachweisen können, um z. B. bei Seil- und Rollstuhlaktionen verantwortungsvoll handeln zu können und dass sie sich in der einschlägigen Rechtslage gut auskennen.

Nach einigen grundsätzlichen Ausführungen werden hier allgemeine Hinweise für die Durchführung von City Bound Aktionen gegeben und danach anhand einiger Fallbeispiele erläutert.

2.1 Strafrecht und Zivilrecht

Bei einem Unfall wird prinzipiell zwischen der strafrechtlichen und der zivilrechtlichen Seite unterschieden. Es gibt zwei voneinander unabhängige Verfahren vor zwei verschiedenen Gerichten.

- ein Strafverfahren, in dem es um die Geltendmachung des staatlichen Strafanspruchs (im Strafgesetzbuch geregelt) in Form einer Geld- oder Freiheitsstrafe geht;
- ein Zivilverfahren, in dem über Schadenersatzansprüche (z. B. Ersatz für verlorene Ausrüstung) entschieden wird.

Von der zeitlichen Reihenfolge her wird in der Praxis meist der Ausgang des Strafverfahrens abgewartet, bevor das Zivilverfahren entschieden wird. Trotz dieser formalen Trennung der beiden Verfahren hat der Ausgang des Strafverfahrens in aller Regel erheblichen Einfluss auf das Ergebnis des Zivilverfahrens.

Strafrecht

Was die strafrechtliche Seite eines Unfalls betrifft, so kommt hier vor allem die Verletzung von zwei Vorschriften in Betracht: fahrlässige Körperverletzung und fahrlässige Tötung.

Im Strafverfahren muss das Verschulden und die Ursächlichkeit des schuldhaften Verhaltens dem Beschuldigten nachgewiesen werden, wobei Zweifel oder Unklarheiten nicht zu Lasten des Beschuldigten gewertet werden dürfen. In der Strafrechtspraxis kommt regelmäßig dem Gutachten eines Sachverständigen ausschlaggebende Bedeutung zu. Zuständig ist grundsätzlich die Staatsanwaltschaft bzw. der Strafrichter des Landes, in dem sich der Unfall ereignet hat.

Bei einem tödlichen Unfall muss die zuständige Staatsanwaltschaft regelmäßig verständigt werden. Diese ermittelt dann, ob der Tod auf ein Verschulden der Leitungsperson zurückzuführen ist, ob also möglicherweise eine fahrlässige Tötung vorliegt. Ist dies nicht der Fall, so stellt sie das Verfahren ein. Kommt eine Verfahrenseinstellung (geringes Verschulden) nicht in Betracht, so wird Anklage erhoben, die Sache also einem Strafgericht zur Entscheidung vorgelegt.

Wenn es zu einer Verurteilung kommt, berücksichtigt der Strafrichter, ob es sich um einen ehrenamtlich tätigen Gruppenleiter oder um hauptamtliches Personal handelt. Die Strafrechtspraxis hat gezeigt, dass in den wenigen Fällen, wo tatsächlich eine Verurteilung erfolgt ist, gegenüber ehrenamtlich tätigen Personen meist nur Geldstrafen ausgesprochen wurden.

Zivilrecht

Das Zivilrecht ist durch drei Aspekte gekennzeichnet, die es zugleich deutlich von der strafrechtlichen Seite eines Unfalles unterscheiden. Eine zivilrechtliche Haftung der Leitungsperson setzt grundsätzlich voraus, dass fahrlässig gehandelt wurde und der Unfall darauf zurückzuführen ist. Es geht nicht um die Verurteilung zu irgendeiner Strafe, sondern ausschließlich um die Geltendmachung von Schadensersatzansprüchen (Arbeitgeber, Krankenkassen, Rentenversicherungen und der Geschädigte selbst), die sich in Geld ausdrücken.

So wie im Strafprozess der Staatsanwalt dem Verantwortlichen nachweisen muss, dass er sich fahrlässig verhalten hat, so ist es im Zivilrecht Aufgabe des Geschädigten, den Beweis zu erbringen, dass Sorgfaltspflichten nicht beachtet worden sind und dies für den Unfall ursächlich war.

Aufsichtspflicht bei Kindern und Jugendlichen

Sind Kinder und Jugendliche, also Personen unter 18 Jahren betroffen, hat die Leitung der Maßnahme auch die Aufsichtspflicht zu beachten.

Die Verpflichtung zur Aufsicht kann sich ergeben entweder aus der ausdrücklichen gesetzlichen Bestimmung (gem. § 1631 Abs.1 BGB; Eltern, Vormund) oder aus einer vertraglichen Übernahme (Kindergarten, Schule, Jugendfreizeit, Nachbarin).

Inhalt und Umfang der Aufsichtspflicht

Die Aufsichtspflicht verpflichtet diejenigen, die sie Kraft Gesetz oder durch Vertrag haben, dafür zu sorgen, dass weder die beaufsichtigten Kinder und Jugendlichen selbst Schaden erleiden, noch dass sie anderen Schaden zufügen. Diese so formulierte Aufgabenstellung ist sehr weit gestreckt und beinhaltet die grundsätzliche Verpflichtung, alle erforderlichen Vorkehrungen zu treffen, um Schäden zu verhindern. Welche Vorkehrungen aus rechtlicher Sicht erforderlich sind, um der übernommenen Aufsichtspflicht zu genügen, lässt sich als Faustformel so umschreiben:

Genereller Maßstab für die Erfüllung der Aufsichtspflicht ist das, *was verständigen Eltern, anderen Erwachsenen, Gruppenleitungen nach vernünftigen Anforderungen im konkreten Fall zugemutet werden kann.* Durch diese Formulierung ist sichergestellt, dass an Eltern und andere Aufsichtspflichtige keine überspitzten Maßstäbe angelegt werden. Pädagogisch richtige Entscheidungen sind die Messlatte auch für die Erfüllung der Aufsichtspflicht. Insbesondere sind die durch Gesetz selbst festgelegten Erziehungsziele zu beachten.

§ 1, Abs. 1 Kinder- und Jugendhilfegesetz (KJHG):
„Jeder junge Mensch hat ein Recht auf Förderung seiner Entwicklung und auf Erziehung zu einer eigenverantwortlichen und gemeinschaftsfähigen Persönlichkeit."

§ 9, Nr. 2 KJHG:
„Bei der Ausgestaltung der Leistungen und der Erfüllung der Aufgaben sind die wachsende Fähigkeit und das wachsende Bedürfnis des Kindes oder des Jugendlichen zu selbstständigem, verantwortungsbewusstem Handeln sowie die jeweiligen besonderen sozialen und kulturellen Bedürfnisse und Eigenarten junger Menschen und ihrer Familien zu berücksichtigen".

Aus diesen Vorschriften sowie aus pädagogischen Erwägungen heraus, dass Kinder die Bewältigung von Risiken und Gefahren nur lernen können, wenn sie auch gelernt haben damit umzugehen, ergibt sich ein relativ weiter Spielraum. Das Verhältnis zwischen pädagogischer Zielsetzung und Gefahrensituation ist dabei zu beachten. Grundsätzlich hängen die Anforderungen an die Aufsichtsführung auch von der Einsichtsfähigkeit des zu Beaufsichtigenden ab, d. h. je einsichtsfähiger Kinder und Jugendliche sind, um so geringer sind die Anforderungen an die Aufsichtspflicht. Dies sollte aber nicht als Freibrief verstanden werden.

Bei den Aufsichtsmöglichkeiten lassen sich drei Stufen feststellen.

I. Pflicht zur Information

Es ist erforderlich sich selbst zu informieren. Jede/r sollte Bescheid wissen, was in konkreten Situationen gefährlich sein kann. Das heißt, über die möglichen Gefahren, über die notwendige Ausrüstung, aber auch informiert sein über das Können der TeilnehmerInnen. Im zweiten Schritt sind dann Kinder und Jugendliche über Gefahren zu informieren. Verhaltensregeln, Informationen, Anweisungen müssen verständlich, vollständig und richtig formuliert werden. Notfalls muss die Belehrung wiederholt werden. Kontrolliert werden sollte, ob alle die Anweisungen richtig verstanden haben.

II. Überwachung

Je nach Situation, Alter, Entwicklungsstand kann gelegentlich oder stichprobenartig kontrolliert werden, ob die Anweisungen eingehalten werden. Ein ständiges Überwachen ist nicht immer notwendig. Je riskanter und gefährlicher eine Aktion ist, desto öfter ist eine Kontrolle (z. B. Zwischentreffen) nötig. Bei z. B. Abseilaktion ist eine ständige Überwachung notwendig, bei der Tauschaktion „Apfel und Ei" ist die Überwachung von den TeilenehmerInnen abhängig – also kann es sein, dass diese Aktion in einem überschaubaren Areal (hoher Grad der Überwachung) stattfindet oder in der ganzen Stadt möglich ist (geringer bis kein Grad der Überwachung).

III. Eingreifen, Unmöglichmachen

Falls die TeilnehmerInnen sich so verhalten, dass mit hoher Wahrscheinlichkeit ein Schaden eintritt, ist es für die aufsichtspflichtige Person Pflicht, den Schaden zu verhindern. Das Eingreifen hängt von der jeweiligen Situation ab. Es kann mit Worten (Verbot aussprechen) wie mit körperlichem Einsatz (Aktion aktiv abbrechen) möglich sein.

Aufsichtspflichtverletzung

Eine Verletzung der Aufsichtspflicht kann nur vorliegen, wenn der oder die Aufsichtspflichtige vorsätzlich oder fahrlässig gehandelt hat. Vorsätzlich bedeutet, dass ein bestimmter Erfolg gewollt oder zu mindestens billigend in Kauf genommen worden ist. Fahrlässig bedeutet, dass die in vergleichbaren Situationen erforderliche Sorgfalt außer Acht gelassen wurde. Maßgeblich ist die Frage: Wie hätte sich ein verantwortungsbewusster LeiterIn nach vernünftigen Anforderungen verhalten? Es kann und muss allerdings nicht jedes nur denkbare Risiko ausgeschlossen werden.

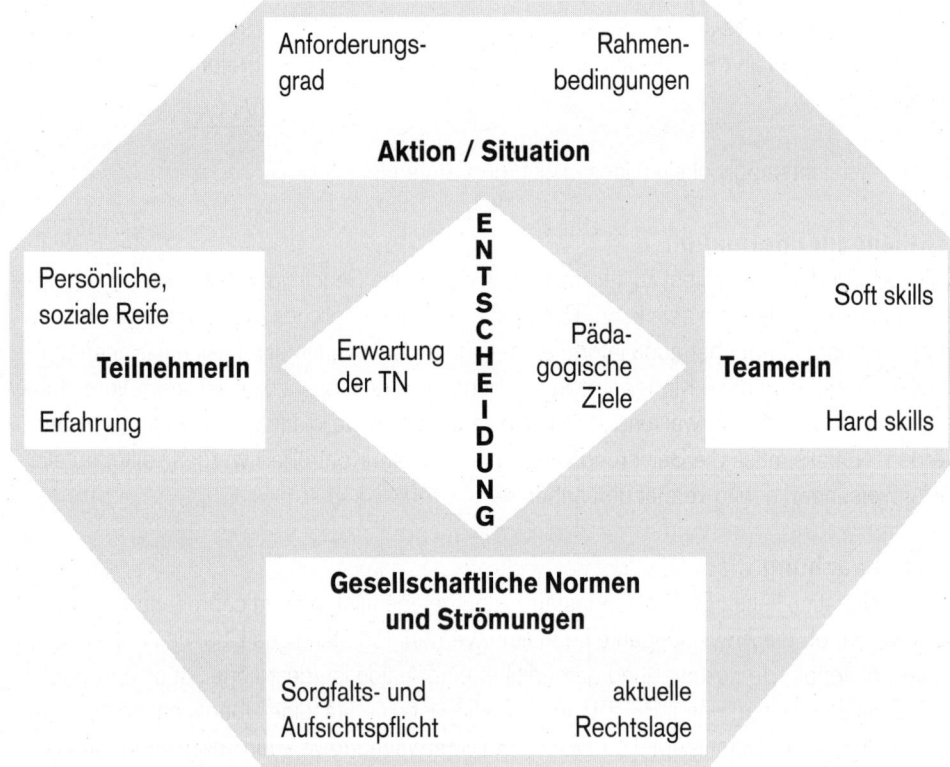

Entscheidungsprozess bei City-Bound Aktionen.

Auf der Grundlage von gesellschaftlichen Normen und Strömungen, die sich in Rechts-
bestimmungen wie z. B. der Aufsichtspflicht für Minderjährige materialisieren, begeben sich
TeamerInnen an City Bound Aktionen in einen Entscheidungsprozess, der auf die
Realisierung einer konkreten Situation abzielt.
Pädagogische Ziele und Erwartungen der TeilnehmerInnen prägen die Aktion ebenso wie
die Anforderungen, die in der Situation gestellt werden und deren Rahmenbedingung.

2.2 Handlungsgrundsätze bei City Bound Aktionen

Auch bei City Bound Aktionen haben Leitungspersonen die Sorgfalts- und Aufsichtspflichten zu gewährleisten und die dazu notwendigen Maßnahmen zu ergreifen. Eine unterschriebene Einverständniserklärung der Eltern entbindet die Leitung nicht von der Aufsichts- und Sorgfaltspflicht. Wichtig ist dabei vielmehr, dass *im Vorfeld gewissenhaft und offen über möglichst viele Details informiert* wird, damit das Einverständnis und damit auch die Aufsichtspflichtübertragung möglichst bewusst erfolgt.

Schwierig einzuschätzen ist dies bei Aktionen, in denen minderjährige TeilnehmerInnen frei in der Stadt agieren sollen, um z.B. Aufgaben zu erfüllen. Hier entsteht ein Spannungsfeld zwischen dem Vertrauen der Teamer in verantwortungsvolles Handeln der TeilnehmerInnen und der wahrzunehmenden Aufsichtspflicht. Dadurch wird es notwendig, die TeilnehmerInnen *über mögliche Gefahren genau zu informieren* und sie möglicherweise *auf den Umgang mit ihnen vorzubereiten.* Dazu gehört z.B. bei Rolli-Projekten eine gewissenhafte Einweisung in den Umgang mit Rollstühlen oder Einschränkung des Gebietes durch Verbote.

Genaue *Regeln* zu benennen, auch für Notfälle, und sie den Teilnehmern *verständlich und klar zu vermitteln,* ist ebenso wichtig wie sie mit den nötigen Informationen über die Maßnahme selbst und die *im Notfall einzuleitenden Schritte* auszustatten. Auch die *Einschätzung der Fähigkeiten und Grenzen,* vor allem aber des Verantwortungsbewusstseins der TeilnehmerInnen ist eine wichtige Voraussetzung für die Durchführung der Aktion selbst. Auf gar keinen Fall dürfen gesetzliche Bestimmungen missachtet oder deren Übertretung bewusst in Kauf genommen werden dies wäre mindestens fahrlässig oder sogar vorsätzliches Handeln.

Informieren einer Jugendgruppe

Anzuraten ist daher, dass bei allen Aktionen jeder TeilnehmerIn eine Notfallkarte mitgegeben wird. So kann bei einem Unfall direkt die Leitung informiert werden und schnellstens die notwendigen Schritte einleiten. Die Notfallkarte soll die ständig erreichbare Telefonnummer der LeiterInnen enthalten und eine kurze Erklärung für Behörden, was diese Aktion bezweckt. Die TeilnehmerInnen sollen diese Karte ständig mitführen. Auch ein Handy sollte nach heutigem Stand zum ständigen Begleiter gehören.

2.3 Fallbeispiele zu rechtlichen Fragen im Zusammenhang mit City Bound Aktionen

Bei den Fallbeispielen handelt es sich um frei erfundene Situationen, die lediglich zur Illustration der vorab theoretisch dargestellten Zusammenhänge dienen. Die sich anschließenden Fragen stellen keine abschließende Fallbearbeitung im juristischen Sinne dar; sie sollen dazu dienen, einzelne Aspekte hervorzuheben. Das Bewusstsein von PraktikerInnen für rechtliche und pädagogische Aspekte im Zusammenhang mit City Bound Aktivitäten soll damit geschärft werden. Die Aktionen sollen Abenteuer vermitteln, doch keine riskanten Wagnisse.

Bei City Bound Aktionen sind folgende Fragen aufgetaucht und können exemplarisch wie folgt beantwortet werden:

1. Fall:
Es wird eine City Bound Aktion mit Rollstühlen geplant. Weil das Budget sehr gering ist, übernimmt eine der LeiterInnen die Besorgung der Rollstühle aus dem nahe gelegenen Altersheim. Kostenlos bekommt Sie nach dem Gespräch mit der Leitung die Rollstühle für diesen Tag geliehen.

Als freundliche Passanten dem jugendlichen Rollstuhlteam einer Hauptschule helfen wollen, die „behinderte" Person in die Trambahn zu hieven, bricht eine Armlehne aus. Die Rollstuhlfahrerin verletzt sich den Arm.

Stellungnahme:
Entscheidend ist zwar, was im Einzelfall konkret zwischen Entleiher und Verleiher vereinbart wurde. Anzunehmen ist aber, dass die Leitung des Heims für den einwandfreien Zustand „ihres" Rollstuhles verantwortlich ist. Falls die Leitung der City Bound Aktion die einschlägigen Kenntnisse zur Beurteilung des Zustandes der Rollstühle nicht hat, wäre es angeraten, sich eine Fachperson zu engagieren oder bei einer offiziellen Ausleihstelle den Rollstuhl zu besorgen.

Auch sollte eine Einweisung in das Rollstuhlfahren erfolgen, damit die TeilnehmerInnen ihr Gefährt beherrschen und sich sicher bewegen können. Zudem sollten Regeln vereinbart werden, wo und wie sie mit dem Rollstuhl fahren dürfen – ob Rolltreppen, Trambahn, S-Bahn, etc. (Verbote unbedingt bekannt geben und beachten).

Auf jeden Fall gilt es immer dann besonders vorsichtig zu sein, wenn mit Gegenständen umgegangen wird, die normalerweise nicht zum Alltag der TeilnehmerInnen gehören. Die nötige Einsichtsfähigkeit vorausgesetzt, können solche Aktionen mit Jugendlichen, meist auch mit älteren Schulkindern, durchgeführt werden. Entscheidend ist jedoch, dass die Eltern über möglichst viele Informationen zu den geplanten Aktivitäten verfügen und auf dieser Grundlage eine kompetente Entscheidung treffen können.

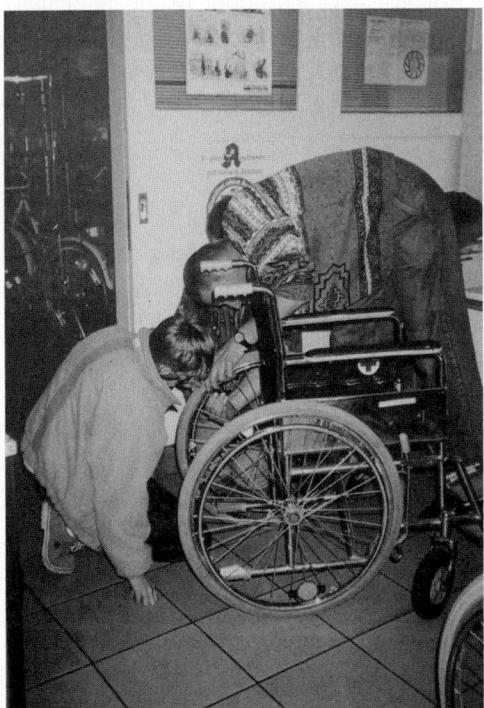

Sicherheitscheck beim Rollstuhl

2. Fall:

Die Rollstühle werden von einem Händler gegen Gebühr ausgeliehen. Nach einer kurzen Einweisung in die Sicherheitsregeln beim Rollstuhlfahren durch die geschulten TeamerInnen, benutzt eine Gruppe, die aus erwachsenen TeilnehmerInnen besteht, die Rolltreppe in einem U-Bahn Geschoss, obwohl dies vorher ausdrücklich verboten und auf die Risiken hingewiesen wurde. Oben angelangt, verklemmt sich eine der kleinen Rollen in der Treppe. Die nachkommenden Personen springen über das Geländer, um nicht über den Rollstuhlfahrer zu fallen. Eine ältere Person kann nicht über das Geländer springen und verletzt sich den Fußknöchel. Alle anderen Beteiligten bleiben unverletzt und der Rollstuhl kann nach kurzer Zeit aus der Rolltreppe befreit werden.

Stellungnahme:

Hier handeln die erwachsenen TeilnehmerInnen verbotswidrig auf eigene Verantwortung. Obwohl eine exakte Regelung vereinbart und eine fachgerechte Einweisung erfolgt war, widersetzten sich die TN den Anweisungen. So müssen die TN, evtl. auch deren Haftpflichtversicherungen, für den entstandenen Personen- und Sachschaden aufkommen.

3. Fall:

10–12jährige Schüler und Schülerinnen planen eine Übernachtungsaktion in einem öffentlichen Park. Zielsetzung ist es, Naturräume in einer Großstadt zu erfahren. Die Aktion wird vorher zwischen dem Veranstalterteam, der Schulleitung und den betroffenen Eltern vereinbart. Die Behörden sind über die Aktion ebenfalls informiert worden.

Nach Bezug der Schlafplätze und nochmaliger Anweisung, dass die Kinder beieinander bleiben sollen und, wenn sie auf Klo gehen, sich abzumelden haben, gehen trotzdem drei Teilnehmer stiften. Die drei Kinder sitzen rauchend und trinkend weit von der Gruppe weg. Dabei werden sie von einer patroullierenden Streife aufgegriffen. Die Polizisten rufen die Eltern an und bitten diese, die Kinder abzuholen.

Am nächsten Tag beklagen sich die Eltern bei der Schulleitung und werfen den TeamerInnen mangelnde Aufsichtsführung vor. Die Eltern beschuldigen die TeamerInnen, den Kindern Möglichkeiten zum Rauchen und Trinken geschaffen zu haben und wollen diese in die Verantwortung ziehen.

Stellungnahme:

Das Maß an Eigenverantwortung bestimmt sich nach der Einsichtsfähigkeit der Klientel. Dies einzuschätzen ist bei 10–12jährigen Schülern sehr schwierig und hängt sicher sehr stark vom einzelnen Kind und von der jeweiligen Situation ab. Verantwortliche TeamerInnen müssen sich daher in solchen Situationen stets die Frage stellen, was kann ich in der Situation den Teilnehmern zumuten und zutrauen. Besonders in Gruppen entwickelt sich häufig eine Eigendynamik, die nur schwer einschätzbar ist.

Daher dürfte in einem solchen Fall zunächst die Vereinbarung klarer Regeln bei Verstößen gegen die Abmachungen (kein Entfernen von der Gruppe, kein Alkohol-, Drogen und Tabakkonsum) im Vordergrund stehen, die dann selbstverständlich einer angemessenen Überprüfung unterliegen sollten. Dabei sollte es den TeamerInnen auffallen, dass drei TeilnehmerInnen längere Zeit nicht an ihrem Platz sind.

4. Fall:

Eine Aktion mit 14–16jährigen Schülern einer Realschule beinhaltet eine Übernachtung bei einer ausländischen Familie. Den Kontakt zu den Familien, mit denen vorher entsprechende Vereinbarungen getroffen wurden, sollen sie selber herstellen und sich den Schlafplatz organisieren. Diese Aktion, der die Eltern zugestimmt haben, wird mit der Schulleitung vereinbart.

Die TeilnehmerInnen erhalten einen Notfallzettel mit allen Rufnummern, müssen bei Ankunft in der Wohnung der Familie anrufen und die Leitung spricht mit den Gastgebern.

Ein Jugendlicher gerät in der Nacht mit dem Kind der Gastgeberfamilie in heftigen Streit und demoliert das Zimmer. Die Polizei wird gerufen und bringt den Jugendlichen nach Befragung zu den Eltern zurück.

Stellungnahme:

Da die TeamerInnen bei dieser Aktion wissen, wo sich die TeilnehmerInnen jeweils aufhalten und ihnen diese Orte auch bekannt sind, können sie ggfs. auch entsprechend steuernd eingreifen.

Bei der nächtlichen Entgleisung des Jugendlichen entsteht jedoch dennoch ein Schaden, der beglichen werden muss. Hierzu wird auch der randalierende Jugendliche seinen Beitrag leisten müssen, da man auch Kindern bereits ab 7 Jahren und besonders Jugendlichen im Rahmen ihrer Einsichtsfähigkeit eine Mitverantwortung zubilligen muss.

5. Fall:

Jugendliche sollen in einer Aktion durch Theaterspielen oder andere Aktivitäten auf öffentlichen Plätzen für die Gruppe Geld verdienen. Der Fokus dieser Aktion liegt auf der Überwindung eigener Grenzen, andere Arten der Kommunikation auszuprobieren, zu überzeugen und die Verantwortung für eine Gruppe zu übernehmen.

Fünf TeilnehmerInnen im Alter von 15 und 16 Jahren machen eine Show in einer Einkaufstrasse. Bei dieser Aktion fühlen sich die umliegenden Geschäfte gestört und holen die Polizei. Diese unterbinden die Aufführung und nehmen alle Personalien auf.

Eine andere Gruppe versucht die eigene Arbeitskraft in Gastronomieeinrichtungen anzubieten. Nach langem Überzeugen und Gesprächen gestattet es ihnen ein Wirt, für drei Stunden in der Küche zu helfen. Stolz und von den eigenen Fähigkeiten der Kommunikation überzeugt, kommen die TeilnehmerInnen zur Gruppe mit dem erwirtschafteten Geld zurück.

Stellungnahme:

Hier muss sich die Leitung der City Bound Aktion vorher mit den zuständigen Behörden (in der Regel Ordnungsbehörde der zuständigen Gemeinde oder Stadt) in Verbindung setzen, diese informieren und um eine Genehmigung oder zumindest Akzeptanz für Aufführungen auf öffentlichen Plätzen bitten.

Wichtig ist es, die zuständige Polizeidienststelle vorher von der Aktion in Kenntnis zu setzen, damit diese weiß, welchen pädagogischen Hintergrund diese Aktion hat und somit verständnisvoll reagieren kann. Dadurch könnte eine Eskalation mit Personalienaufnahme verhindert werden.

Auch beim zweiten Fall kann durch die Darlegung des pädagogischen Potentials eine Eskalation vermieden werden. Allerdings sind die einschlägigen Bestimmungen des Jugendarbeitsschutzgesetzes zu beachten, die für Beschäftigungen ein Mindestalter von 15 Jahren vorschreiben und bestimmte Zeitgrenzen und Beschäftigungsarten ausschließen. Betont werden sollte jedoch, dass es sich bei dieser Aktion nicht um ein Beschäftigungsverhältnis im regulären Sinne (Steuer- und Sozialversicherungsrecht) handelt sondern eher um eine Hospitation im Rahmen einer pädagogischen Maßnahme.

Klaus Umbach

*Jahrgang 1958,
ist Dipl. Sozialpädagoge und nach mehrjähriger Tätigkeit als
Geschäftsführer der Aktion Jugendschutz Landesarbeitsstelle Bayern
e.V. derzeit Dozent und Praxisleiter an der Fachakademie für
Sozialpädagogik in Rottenbuch.*

Praxisberichte

Karin Feige

3.1   Abenteuer im Großstadtdschungel

City Bound mit Schulklassen

Viele LehrerInnen sind auf der Suche nach innovativen Lernmodellen. Zum einen soll Unterricht mehr praktisches Lernen fördern, zum anderen wird von den Ausbildungsbetrieben verstärkt nach sogenannten Schlüsselqualifikationen gefragt. „Es werden Kontakt- und Kommunikationfähigkeiten gefordert", sagte mir eine Schülerin, „aber wo können wir an der Schule dies einüben?" Hier wird deutlich, wie Schule auf die veränderte Erwerbsgesellschaft reagieren muss. Die reine Vermittlung von Fachkenntnis genügt nicht mehr, gefragt sind heute in erster Linie Fähigkeiten und Eigenschaften der Person, die in „marktfähige" Handlungskompetenzen münden sollen.

Erlebnispädagogische City Bound Projekte bieten die Möglichkeit zur Umsetzung solcher handlungsorientierter Ansätze. Sie setzen an den Fähigkeiten und Stärken der SchülerInnen an und verstehen Lernen als „Lernen durch Erleben". Die in der Folge beschriebenen Projekte basieren auf der Kooperation zwischen Schule und Jugendarbeit. Sie standen zusätzlich unter dem Aspekt der Berufsvorbereitung bzw. in einem Fall unter dem der Suchtprävention.

Projekt 1: Abenteuer im Großstadtdschungel
(Kooperation mit einer Hauptschule und einem Gymnasium)

Erlebnispädagogik einmal anders: Nicht Bergsteigen, sondern nachts mit einem Taxifahrer München er"fahren", nicht Klettern, sondern als Rollstuhlfahrer die Fußgängerzone erkunden. 50 SchülerInnen nahmen von Oktober bis Dezember 1995 an diesem Projekt teil, das vom Kinder- und Jugendtreff Moosach (Träger: Kreisjugendring München-Stadt) initiiert wurde. In diesem Lebensumfeld benötigen Jugendliche gesellschaftliche Räume zur Entwicklung von Identität und sozialer Handlungsfähigkeit. Dabei erfüllt die Stadt wichtige Funktionen: Sie soll ein Ort der Sicherheit sein, die Befriedigung vitaler und sozialer (Grund-) Bedürfnisse ermöglichen und die Entwicklungsmöglichkeiten der Persönlichkeit fördern.

Im Umfeld Stadt finden Prozesse der Persönlichkeitsentwicklung und -bildung statt, denn soziale Räume wirken identitätsbildend. Jugendliche können oft nur schwer lernen, Selbstvertrauen und Selbstwertgefühl zu entwickeln. Die Auseinandersetzung mit dem Umfeld bietet wenig Gestaltungsspielräume für die eigene soziale Situation. Statt Schlauchbootfahren, Klettern und anderer Aktivitäten im Handlungsfeld Natur wird die Stadt als herausforderndes Umfeld genutzt. Die TeilnehmerInnen werden in für sie ungewohnte Situationen allein oder in der Gruppe mit den räumlichen, sozialen und infrastrukturellen Spezifika der Stadt konfrontiert. Die herausfordernde, zwingende Realität stellt die TeilnehmerInnen vor Aufgaben, in denen ihr tradiertes Verhalten nicht greift, neue Lösungen gefunden und umgesetzt werden müssen. Die emotionale Intensität, die Effektivität der Lösung und die positive Bestätigung durch Trainer, Gruppe und Umwelt erzielen Lerneffekte. Neue Antworten durchbrechen alte Verhaltens- und Denkmuster. Nicht die Leistung des Einzelnen steht dabei im Vordergrund, sondern die Qualität der Zusammenarbeit und die Experimentierfreude im Umgang mit neuen, unbekannten Aufgabenstellungen. Vorrangiges Ziel ist es, die Stadt neu zu erleben, zu entdecken und dabei in der Schule erworbenes Wissen mit praktischen Erfahrungen zu ergänzen und zu konkretisieren. In ländlichen Gegenden haben Kinder und Jugendliche die Gelegenheit, selbst auf Entdeckungsreise zu gehen, Wälder und Wiesen zu durchstreifen, Bäche zu erforschen. Die dichtbesiedelte Stadt, arm an Grünflächen, verhindert die Aneignung von Abenteuer und Räumen. Das Projekt versucht dieses Aneignen auch in der Großstadt mit neuen Akzenten zu belegen, allerdings unter völlig neuen Bedingungen.

Zielorientierung:
Zielsetzung des Projekts für die TeilnehmerInnen:

Verbesserung des Sozialverhaltens
- besser zuhören können
- mit anderen Menschen Kontakt aufnehmen
- Vorurteile abbauen und Kooperationsebenen finden
- Entwicklung von sozialer Kompetenz und Empathie (Einfühlungsvermögen)
- Erleben von anderen problembelasteten Lebensläufen

Persönlichkeitsbildung
- Bewusstmachung von eigenen Stärken und Schwächen
- Selbstvertrauen verbessern
- positives Selbstbild entwickeln
- Abbau von Ängsten
- Kontinuität einüben

Verbesserung der Alltagskompetenz
- sich in unbekanntem Umfeld zurechtfinden (Stadtviertel, Behörde ...)
- öffentliche Verkehrsmittel nutzen
- Beschaffung von Informationen

Neue Lernmöglichkeiten eröffnen
- praktisches Lernen
- handlungsorientiert und nicht rein kognitiv
- interdisziplinär
- Lernen in der Gruppe/Teamwork
- auf der Basis Stärkung des Selbstvertrauens/Übertragbarkeit auf andere Situationen
- Schulenübergreifend

Berufsvorbereitung
- durch konkrete Einblicke in unterschiedliche Berufsfelder
- Arbeitsvorgänge beobachten und/oder selbst tätig sein

für die beteiligten Institutionen
- Kooperation von Hauptschule, Gymnasium und Jugendzentrum
- Abstimmung des Bedarfs und Aufbau von Arbeitskontakten
- Hilfestellung und Vernetzung bei gleicher Problemstellung
- Öffnung der Institutionen

Vom Klassenzimmer ins Lernfeld „Großstadt"

Die einzelnen Aktionen zeigen unterschiedliche Möglichkeiten auf, abenteuerliche Erlebnisse in einer Großstadt zu planen. Die Spannung und die Lust am Tun entstehen, weil sie für SchülerInnen neu sind, weil ihr Handlungsspektrum erweitert wird und sie sich Lernfelder selbst aneignen.

- Rollstuhlaktion in der Fußgängerzone von München
- Obdachlosenheim mit anschließendem Besuch der Redaktion der Obdachlosenzeitung BISS
- Polizeiinspektion
- Mitfahrt bei der ADAC Pannenhilfe
- RAGAZZA Mädchencafe
- Psychiatrische Klinik Haar
- Flugsicherung (DFS) am Erdinger Moos
- Bahnhofsmission
- Begehung der Abwasserkanäle
- Besuch im Rathaus und Interview des Oberbürgermeisters

Wichtig für das Gelingen der Aktionen ist sowohl eine genaue Vorbereitung als auch eine abschließende Reflexion. Zur Vorbereitung gehören Überlegungen wie: Was sollen die Schüler bei dieser Aktion erfahren? Wie kann ich überraschende Elemente einbauen? Wie gestalte ich die Aktion abenteuerlich aber nicht risikoreich? Welche Informationen brauchen die Schüler? Wie binde ich die Schüler in Planung und Organisation ein?

Die Aktionen wurden immer sowohl im Unterricht (Deutsch, Arbeitslehre, Psychologie) durch einen theoretischen Input vorbereitet als auch im Jugendzentrum, wenn es um konkrete Planungen von Aktionen ging. Nach Durchführung jeder einzelnen Aktion schloß sich eine Reflexion in der Gruppe oder allein z. B. durch Fragebogen an, die am nächsten Tag im Unterricht nochmals Thema war. Die Vertiefung erfolgte durch Gespräche über die Aktionen, Malen von Bildern, Gruppendiskussionen und Schreiben von Aufsätzen. Oftmals war auch das Verfassen eines Zeitungsartikel eine Methode zur Reflexion.

Beschreibung der Vor- und Nachbereitung am Beispiel „Rollstuhlaktion":

Lust auf das Rollstuhlprojekt

Zwanzig SchülerInnen nahmen an dieser Aktion teil. Im Deutschunterricht hatten sie ein Buch über ein behindertes Mädchen im Rollstuhl gelesen und über die Situation von behinderten Menschen gesprochen. So wollten sie bei der Planung des Gesamtprojekts eine

Aktion durchführen, bei der sie mehr über Menschen mit Behinderungen erfahren. Sie erhielten in der Geschäftsstelle des Bayerischen Roten Kreuzes eine theoretische Einführung in die verschiedenen Ursachen von Behinderungen, die dazu führen, dass ein Mensch im Rollstuhl sitzt. Anschließend machten sich die SchülerInnen mit der Technik von Rollstühlen bekannt und absolvierten ein kurzes Rollstuhltraining. Danach bekamen sie Aufgaben gestellt, die sie erfüllen sollten, sowie Sicherheitseinweisungen und Informationen über den Ablauf der Aktion.

Aufgaben:

Mit jeweils einem Begleiter (MitschülerIn) mit den öffentlichen Verkehrsmitteln in die Fußgängerzone von München fahren, dort einige Geschäfte besuchen und erkunden, ob diese behindertengerecht gebaut sind. Eine Behindertentoilette finden und aufsuchen, behindertengerechte Lifte und Aufzüge bei U-Bahnhöfen und z. B. bei Mc Donald's finden.

Die TeilnehmerInnen sollten sich für ca. 2 Stunden in die Rolle eines Rollstuhlfahrers/ Begleiters begeben und danach die Rollen tauschen. Sie sollten den Wechsel unbemerkt von den Passanten vollziehen, um diese nicht zu verunsichern bzw. zu verulken. Aufgabe während dieser Zeit war, auf Reaktionen der Umwelt achten, auf die Gefühle und Eindrücke achten und nachspüren, Passanten um Hilfe bitten. Die SchülerInnen hatten eine Notfallkarte bei sich. Diese Karte erklärte in fünf Schritten, was zu tun ist, wenn sie in eine Situation kommen, in der sie Hilfe brauchen. Zusätzlich gab es eine Anlaufstelle für sie, an der die Projektleiter während der ganzen Zeit zu erreichen waren. Diese Anlaufstelle war sehr wichtig für die SchülerInnen. Immer wieder kamen sie und berichteten, wo sie gerade gewesen waren, was sie erlebt hatten, welche Eindrücke und Gefühle sie dabei gehabt hatten und wohin sie als nächstes fuhren. Es war also wichtig für sie, ihre Aufregung und Neugierde über die ungewohnte Aktion sofort mitteilen zu können und auch die Sicherheit zu haben, uns jederzeit an diesem Ort vorzufinden. Auch auf der Heimfahrt ins Jugendzentrum erzählten sich die SchülerInnen gegenseitig begeistert von den Eindrücken. Im Jugendzentrum werteten wir in zwei Gruppen die Erlebnisse und Erfahrungen des Tages aus. Sehr intensiv sprachen die SchülerInnen über ihre Ängste (z. B. sich auf den anderen verlassen müssen, Rolltreppe fahren, Reaktion der Passanten ...). Beeindruckt hatte sie zum einen, wie sehr behinderte Menschen von anderen abhängig sind und wie freundlich Passanten auf sie reagiert hatten. Sie waren erstaunt, mit welchen Hindernissen Rollstuhlfahrer konfrontiert sind (viel Zeit einplanen, viele Türeingänge zu eng, kein Lift etc..). Am nächsten Tag wurde die Aktion um Unterricht nochmals besprochen, anschließend schrieben die SchülerInnen ihre Gedanken und Erfahrungen in Form von einem Aufsatz nieder. An der Qualität der Aufsätze war erkennbar, wie intensiv sich die SchülerInnen mit der Aktion und sich selbst auseinandergesetzt hatten und wie nachhaltig die Eindrücke waren und wohl zum Teil bleiben werden.

Aufgabenstellungen der übrigen Aktionen:

- Obdachlosenheim und Redaktion BISS: mit öffentlichen Verkehrsmitteln selbst hinfinden, aus welchen Gründen wird ein Mensch obdachlos, Einblick in den Tagesablauf des Heims, Biographie durch Interview eines ehemaligen Obdachlosen erfahren und dessen Resozialisierung.
- Polizeiinspektion: Stadtplan studieren und kürzesten Weg dorthin wählen, Information beschaffen über den Ablauf in der Wache und die Aufgaben der Polizeibeamten sowie deren Ausbildung.
- ADAC Pannenhilfe: Mitfahrt von drei Schülern für ca. vier Stunden bei den „Gelben Engeln". Kennenlernen der Tätigkeit der Pannenhelfer, je nach Lage mithelfen und Information über die Berufsausbildung beschaffen.
- RAGAZZA Mädchencafe: sich in die Situation eines schwangeren Mädchens versetzen, das Hilfe von einem niedrigschwelligen Angebot sucht.
- Psychiatrische Klinik Haar: Kennenlernen von zwei Stationen (Sucht und Gerontopsychiatrie), Information über die Krankheitsbilder und Therapiearten. Bei dieser Aktion hatten wir vorher die Vorstellungen der SchülerInnen von „Haar" abgefragt. Diese wurden nach der Aktion mit den Erfahrungen verglichen.
- Flugsicherung (DFS) am Erdinger Moos: Hinter die Kulissen der Flughafenverwaltung blicken, Aufgabe und Arbeitsablauf von Fluglotsen vor Ort.
- Bahnhofsmission: Wo ist die Bahnhofsmission untergebracht, was ist ihre Tätigkeit.
- Abwasserkanäle: Information über den Verlauf der Abwasser, Begehen eines Abwasserkanals und Regenauffangbeckens, interviewen eines Kanalarbeiters über dessen Tätigkeit.
- Besuch im Rathaus: Beim Pförtner anmelden, finden des Büros des Oberbürgermeisters, Interview über seine Aufgaben.

ADAC – Pannenfahrzeug

Bei diesen Aktionen variierten die Vor- und Nachbereitung. Die Vorbereitung der Projektleitung war so gelegt, dass die SchülerInnen entweder bei Abfahrt von der Schule selbst
tätig werden mussten oder vor Ort. Z. B. bekamen sie einen Stadtplan, mit dessen Hilfe sie
in Vierergruppen zur Einrichtung xy finden und sich dort anmelden sollten. Ein anderes Mal
sollten sie aus dem Fahrplan den zeitlich kürzesten Weg zur Einrichtung finden. Wir hatten
festgestellt, dass sich die SchülerInnen schlecht in der Stadt orientieren können und oft
nicht von „A nach B" finden. Auch sind sie es nicht gewohnt, Informationen einzuholen bzw.
wissen nicht, wo und wie sie Informationen beziehen können. Ein Anruf bei einer Behörde,
um sich eine Auskunft zu besorgen, kann so bereits zu einem Abenteuer werden.

Die Reflexion bestand je nach Aktion auch in der Auswertung eines Interviews, das die
SchülerInnen geführt hatten oder entstand bei der Sichtung von Fotomaterial (die Aktionen
wurden mit Bildmaterial dokumentiert). Beim Besuch der Redaktion der Obdachlosen-
zeitschrift BISS ergab sich, dass die TeilnehmerInnen für eine der nächsten Ausgaben ihre
Gedanken zum Thema Armut und Obdachlosigkeit veröffentlichen konnten. Wichtig war
jedoch bei jeder Reflexion, die Auseinandersetzung mit ihren Gefühlen und Erlebnissen, um
aus dem Erlebten eine Erfahrung zu machen und zu hoffen, dass diese Erfahrung ihnen
später ein breiteres Handlungsspektrum eröffnet.

Bewertung des Projekts

Die SchülerInnen waren begeistert von dem Projekt! Sie fanden es spannend, Einblicke in
Einrichtungen zu bekommen, die man bei normalen Führungen nicht erhält. Gerade die
Rollstuhlaktion und die Begehung der Abwasserkanäle empfanden sie als etwas ganz
Besonderes, ein einmaliges Erlebnis. Einige schrieben in Aufsätzen, wie wichtig für sie war,
Gelerntes auch zu erfahren. Beeindruckt hatten sie authentische Berichte von Menschen
über ihre Lebensbiographie und zu sehen, wie z. B. ein Angestellter der Stadtwerke arbeitet,
wieviel er verdient, welche Ausbildung er brauchte. Bei der ADAC Pannenhilfe konnten die
Schüler selbst tätig werden.

Die LehrerInnen bemerkten bereits nach einigen Aktionen einen veränderten Klassenzusammenhalt. Die Gruppenbildung war nicht mehr so starr, sondern es ergaben sich neue
Arbeitsgemeinschaften. SchülerInnen, die sich eher wenig äußerten, nahmen nun aktiv an
Gesprächsrunden teil. Außenseiter wurden eher in die Gemeinschaft integriert. Ein Schüler
erzählte in der Reflexion über die psychiatrische Klinik Haar, dass sein Vater dort zur Therapie
sei. Da er dies noch nie in der Klasse erzählt hatte, hat hier sein Vertrauen in sich und andere
zugenommen, dass seine Geschichte in der Klasse Platz hat. Die SchülerInnen haben sich
neu erfahren, Kontakte aufgenommen, erlebt, dass sie Stärken haben, dass sie etwas können, von dem sie vorher noch nichts wussten. Zu erleben, dass sie in ungewohnten, neuen
Situationen Fähigkeiten entwickelt und Aufgaben bestanden haben, hat sie nachhaltig
gestärkt. Auch haben sie ihre MitschülerInnen, vor allem die ihnen weniger sympathischen,

anders erlebt, gesehen, dass diese über wichtige Fähigkeiten verfügen, um eine Aufgabe gemeinsam zu lösen. Vor allem für Hauptschüler, die oftmals nur ihre Schwächen und Defizite deutlich spüren, ist die Arbeit an diesem Projekt eine gute Möglichkeit, andere, positivere Erfahrungen zu machen. Der praktische, handlungsorientierte Ansatz entspricht oftmals den Fertigkeiten von Schülern, gibt ihnen eine Ausdrucksmöglichkeit und schafft eine Verbindung zum theoretischen Unterricht. SchülerInnen, die nur schwer motivierbar sind und nur begrenzt kontinuierlich arbeiten können, waren hier von der Abenteuerlust aktiviert und der Lust am selbst Tun. Für Gymnasiasten ist von Vorteil, dass ihr eher theoretisches Wissen und Lernen, eine praktische Erweiterung bekommen hat und sie mit Bereichen in Berührung bringt, die ihnen weniger geläufig sind (Armut, Wohnungslosigkeit etc. ....).

*Abwasserkanäle –
auf in den Untergrund*

Hinzuweisen wäre darauf, dass die Gruppengröße je nach Aktion gut gewählt sein will. Auch für die Reflexion ist sowohl eine arbeitsfähige Gruppengröße wichtig, als auch abwechslungsreiche Methoden, um die SchülerInnen in ihrer Konzentration nicht zu überfordern. Von Vorteil sind Auswertungen, bei denen die SchülerInnen in „Bewegung" kommen (Moderationsmethode, Gruppenarbeit in verschiedenen Räumen).

Der Ansatz erfüllt die Bedürfnisse von Jugendlichen nach Abenteuer, Neugier auf Unbekanntes, Kontakt zu Menschen, aber auch nach Information und Wissen über infrastrukturelle Gegebenheiten ihrer Stadt, der Arbeitswelt und ihrer Möglichkeiten. Somit arbeitet der Ansatz City Bound auch nach dem sozialräumlichen Aspekt, der sich an den aktuellen Lebenslagen und Bedürfnissen von Jugendlichen orientiert. Erfolgreich war auch die Kooperation von

Schule und Jugendzentrum, SozialpädagogInnen und LehrerInnen haben Einblick in die Verwaltungsstrukturen und Organisationsabläufe der jeweils anderen Institution erhalten. Zeitliche und personelle Ressourcen wurden aufeinander abgestimmt. Die Ergänzung von Wissen und Können wurde als bereichernd empfunden. Nicht zuletzt bietet das Projekt auch LehrerInnen die Möglichkeit, ihre Rolle zu verändern, selbst Lernende/r zu sein und das Bild, das Lehrer und Schüler voneinander haben, zu erweitern.

Die Vernetzung von Einrichtungen in einem Stadtteil, die mit demselben Klientel arbeiten, ist hier real geworden durch eine gemeinsame und arbeitsteilende Aufgabe. Der Gedanke, dass manche Problem nur gemeinsam gelöst werden können, hat auch die Institutionen erreicht.

Projekt 2: Frauen im Beruf (Kooperation mit einem Gymnasium) – Ein berufsbezogenes Projekt für Mädchen.

Es scheint für Jugendliche immer schwieriger zu werden, eine Vorstellung über ihren Berufswunsch zu entwickeln, gleichzeitig sind sie von den gesellschaftlichen Entwicklungen verunsichert und vor allem Mädchen sind eher bereit, ihre beruflichen Ziele zurückzunehmen. Veranstaltungen seitens der Schule werden ohne Begeisterung besucht und hinterlassen bei den SchülerInnen weiterhin diffuse Vorstellungen. Der Besuch im Berufsinformationszentrum hilft dem ein wenig ab, dennoch kann auch er allein keine konkreten Einblicke in die Arbeitswelt bieten. Die SchülerInnen verlangen nach praktischen und wirklichkeitsnahen Eindrücken. Wenn die Chancen einen Ausbildungs- bzw. Arbeitsplatz zu bekommen immer schwieriger werden, gilt dies besonders für Mädchen und Frauen. Zunächst liegt das an den Mädchen selbst, die bei diesen Prognosen zurückstecken und eher einen „sicheren" Ausbildungsberuf ansteuern, wie z.B. Bankkauffrau oder Versicherungsfachangestellte als ein Studium zu beginnen. Auch eine frühe Familienplanung wird als attraktive Alternative gesehen, da diese Zukunftsplanung überschaubarer zu sein scheint als eine berufliche Orientierung. Gleichzeitig schließt so manche berufliche Laufbahn für Frauen eine Ehe mit Kind(ern) aus den verschiedensten Gründen immer noch aus. Dies nicht nur, weil Frauen weniger Erfahrung mitbringen, wenn sie z.B. eine „Babypause" eingelegt haben, sondern auch, weil wissenschaftliche Karrieren eine längere Lücke im beruflichen Werdegang ausschließen. Zudem hat die Veränderung herkömmlicher Familienstrukturen nicht zu einem grundlegend veränderten Verständnis der Rolle von Mann und Frau in der Familie geführt. Und – auch Männer können sich gerade in der freien Wirtschaft keine „Babypause" oder einen Halbtagsjob leisten.

Mit zwanzig SchülerInnen und ihrer Lehrerin des Gymnasiums haben wir 1997 das Projekt entwickelt, um den Mädchen einen Einblick in die verschiedenen Berufswelten zu geben.

Die Idee war, Frauen an ihrem Arbeitsplatz zu interviewen. Es entstand eine Liste von Berufen, von denen die Mädchen nur keine bis sehr ungenaue Vorstellungen hatten. Sie waren zwar zum Teil über die schulischen Voraussetzungen informiert, aber nicht darüber, welche Anforderungen und Fähigkeiten dieser Beruf verlangt.

Erlebnispädagogische Elemente in diesem Projekt:
Erlebnispädagogik hat nichts mit Action-Pädagogik zu tun, wohl aber mit Abenteuer und Aktion, d.h. entscheidende Elemente sind

- das Maß des Selbsttätigseins und
- die Intensität des Erlebnisses

Beide Elemente sind ineinander verwoben, denn da wo in hohem Maße gestaltet werden kann, ist die Gestaltung bereits Teil des intensiven Erlebnisses einer Aktion. Erlebnispädagogik beinhaltet das Arrangieren von neuen, meist fremden Situationen, in denen bestimmte Verhaltensweisen, Eigenschaften und Gruppenprozesse erlebbar und damit lernbar gemacht werden können. Der ganzheitliche Bildungs- und Erziehungsansatz der Erlebnispädagogik versucht, kognitive, emotionale und soziale Lernziele in den sogenannten „Schlüsselqualifikationen" erfahrbar zu machen. Gefordert werden von den Betrieben: Teamfähigkeit, Kreativität, Verantwortungsbewußtsein, Eigeninitiative, Selbstsicherheit und Kommunikationsfähigkeit. Das City Bound Projekt hat diese Schlüsselqualifikationen verbunden mit dem Erlebnisaspekt Stadt (hinter die Kulissen verschiedener Betriebe und Institute blicken, Berufsbiographie einer Expertin erfahren).

Zielsetzung des Projekts „Frauen im Beruf":

- praxisnahe Berufsvorbereitung
- konkreter Einblick in die verschiedenen Berufssparten
- Kontakt- und Kommunikationsfähigkeit einüben
- Mädchen Mut machen für ihren späteren Berufsweg
- Wissen lustvoll aneignen
- Synergieeffekt Schule – Jugendarbeit

Das Projekt dauerte ca. ein halbes Jahr, es nahmen jeweils zwischen fünf und zehn Mädchen an den verschiedenen Erkundungen teil. Die Auswahl der Berufe lag bei den Mädchen, die Expertinnenauswahl bei der Projektleitung. Mit den Expertinnen wurden Vorgespräche über Ziel und Inhalt der Interviews geführt. Die Interviews dauerten ca. $1\frac{1}{2}$ bis 2 Stunden und wurden von den Mädchen selbst geführt und anschließend dokumentiert.

Frauen können alles – Nachforschungen in interessanten Berufsbildern

Hebamme im Geburtshaus

Videoeditorin

Journalistin

Astrophysikerin

Psychotherapeutin

Kabarettistin

Archäologin

Redakteurin

Grafikerin

Architektin

Bewertung des Projekts:

Menschen an ihrem Arbeitsplatz zu besuchen, eine Expedition in die Arbeitswelt fremder, teilweise exotischer Berufe, berufliche Biographien authentisch zu erfahren, war ein Erlebnis. Spannender kann die Aneignung von beruflicher Orientierung nicht sein, befanden die Schülerinnen. Die Begeisterung, mit der die Frauen von sich und ihrem Beruf erzählt haben, hat sich auf die Schülerinnen übertragen. Vor allem zu spüren, dass Engagement, Durchsetzungsvermögen und das Wissen um die eigenen Fähigkeiten ohne Rücksicht auf die jeweiligen propagierten Berufsaussichten die Basis der meisten Frauen bei der Berufswahl war.

Mut gemacht und Selbstwertgefühl geschaffen hat das persönliche Erlebnis, der personenbezogene Ansatz des Projekts. Angeknüpft an der Lebenswirklichkeit der Schülerinnen als zukünftige Berufstätige, haben die Aktionen die Mädchen über die Praxisnähe angesprochen und den Bezug zum theoretischen Wissen geschaffen. In der Reflexion und Dokumentation – es entstand eine Dokumentation mit Porträts der Frauen – wurde deutlich, wie intensiv die Aussagen der Expertinnen auf die Schülerinnen gewirkt haben. Hier ein Auszug aus dem Gespräch mit der Archäologin: „Die Liebe zur Wissenschaft hat mich studieren lassen, vor allem die humanistische Einstellung, das verändert sich heute. Wenn man ein Fundstück sieht, muss einen das begeistern, man möchte mehr darüber wissen. Aus welcher Zeit stammt es? Wie haben damals die Menschen gelebt? Man muss genau arbeiten, akribisch genau, unter harten Bedingungen bei Ausgrabungen. Wobei die Hauptarbeit das Notieren und genaue Festhalten dessen ist, was man ausgräbt. Letztlich arbeitet man sehr theoretisch, macht Veröffentlichungen. Versucht sich der Wahrheit zu nähern, indem man mit anderen Texten vergleicht. Ausgrabungen sind sehr teuer, deshalb ist es selten und ein Glück, wenn man dabei sein darf. Hier im Institut hat eine Frau ein uneheliches Kind, Familie schließt sich bei uns aus, vielleicht gibt es deshalb wenig Frauen, die nach dem Studium Archäologie machen. Bei den Professuren wird es ganz dünn mit Frauen. Und eigentlich ist Archäologie nicht nur ein Beruf, es ist ein ganzes Leben. Wenn ich reise, arbeite ich.

In meiner Freizeit lese ich Fachliteratur, weil ich begeistert bin von dem, was ich tue. Archäologie ist exotisch."

Viele der Frauen haben uns sehr offen ein Teil ihrer Lebensgeschichte erzählt, von den Schwierigkeiten im Studium und Beruf, ihren Platz in einer zum Teil nahezu reinen Männerdomäne zu finden, aber auch von den Freuden und Erfolgen der selbständigen Arbeit und Forschung. Die Sicherheit, den ihrer Fähigkeiten entsprechenden Beruf gewählt zu haben, lässt sie so manches Hindernis leichter nehmen und ihren Enthusiasmus behalten.

Für den Erfolg des Projekts war maßgeblich die Begeisterung, mit der die Frauen den Schülerinnen Auskunft gegeben haben. Hier ist bei den Erstkontakten wichtig, diese Bereitschaft "abzuklopfen", mit den Frauen selbst zu sprechen und sich nicht unbedingt auf Empfehlungen zu verlassen.

Projekt 3: City Bound unter dem Aspekt Suchtprävention (Kooperation mit einer Gesamtschule)

An der Schwelle vom Übergang von der Kindheit in die Jugend, zwischen elf und vierzehn Jahren, zeigt sich bei einigen Jugendlichen ein ähnliches Phänomen und auch die zurückhaltendsten und angepasstesten Jugendlichen legen plötzlich Verhaltensweisen an den Tag, mit denen sie ihre körperliche und seelische Gesundheit und oft auch die von anderen Menschen gefährden. Sie zeigen damit ein Risikoverhalten.

Sie trinken Alkohol bis zum Umfallen, fahren mit dem Fahrrad gegen die Fahrtrichtung auf der Autobahn oder pöbeln Fußgänger grundlos an, hauen von zu Hause ab oder schwänzen die Schule. Die meist negative Reaktion der Umwelt auf sie scheint ihnen eine befriedigende Rückmeldung zu geben, einen Erlebnisschub, einen richtigen "Kick". Es gehört offensichtlich in dieser Umbruchphase des Lebens zur normalen Entwicklung dazu, gegen die traditionellen Verhaltensweisen zu verstoßen. Ohne das Risikoverhalten scheint es nicht möglich zu sein, das Ausmaß von Unabhängigkeit zu gewinnen und auszuloten, das nun einmal zum Jugendalter gehört. Wenn Kinder ihre Träume und Sehnsüchte nicht ausleben konnten, eskaliert dies während der Pupertät manchmal in einem Suchtverhalten (Schiffer E.; 1993). So scheint es mir in diesem Alter besonders wichtig zu sein, den Jugendlichen ihre Gefühle bewusst zu machen, sie ihren Körper und ihre Fähigkeiten erleben zu lassen und zu zeigen, dass sie sich den "Kick" auch ohne Drogen verschaffen können und ohne sich oder andere zu gefährden.

Erlebnispädagogische City Bound Maßnahmen beinhalten Abenteuer und Risiko, Lust und Spaß bei Aktivitäten und Problemlösungsaufgaben. Mit einem Neigungskurs der Gesamtschule wurden 1999 für einen Zeitraum von fünf Monaten neun Aktionen entwickelt.

Zielsetzung des Projekts:

- Verbesserung des Sozialverhaltens
  besser zuhören können, mit anderen Menschen Kontakt aufnehmen, Förderung sozialer Kompetenz, Erleben von anderen/problembelasteten Lebensläufen
- Persönlichkeitsbildung
  Bewußtmachung eigener Stärken/Schwächen, Selbstvertrauen verbessern, positives Selbstbild entwickeln, Kontinuität einüben
- Verbesserung der Alltagskompetenz
  sich in unbekanntem Umfeld zurechtfinden, öffentliche Verkehrsmittel nutzen, Beschaffung von Information
- Neue Lernmöglichkeiten eröffnen
  handlungsorientiert, Teamwork, learning by doing
- Prävention
  aktiv erleben, selbst tun, Körperbewußtsein stärken, sich Erfolgserlebnisse verschaffen, positives Gruppengefühl, Hilfe annehmen, Gefühle zulassen als Voraussetzung für seelische und körperliche Gesundheit, Einblick in verschiedene Formen von Suchtverhalten, „Hemmschwelle" Beratungsstelle überwinden.

Vorbereitung:

Die SchülerInnen haben beim ersten Treffen gesammelt, was für sie zum Themenbereich „Sucht" gehört. Anschließend haben wir uns auf den Themenkreis Alkohol, illegale Drogen, Nikotin und Essstörungen geeinigt, um entsprechende Aktionen zu planen. Das Projekt sollte jeden Dienstag nachmittag für 1½ bis 2 Stunden stattfinden. Eingeplant wurde nach jeder dritten Aktion eine große Auswertung. Organisatorische, materielle und finanzielle Unterstützung kam vom Pädagogischen Institut München.

Aktionen:

- Infofon:
  Ein niedrigschwelliges Beratungsangebot für Münchner Jugendliche (peer to peer Ansatz). Die SchülerInnen haben in einem Planspiel durch zwei der Beraterinnen erfahren, mit welchen Problemen sich Jugendliche per Telefon von anderen Jugendlichen Hilfe holen können. Ein Beratergespräch wurde simuliert.
- Jugendberatungsstelle im Stadtteil:
  In der für die Jugendlichen zuständigen Beratungsstelle im Stadtteil haben wir mit den zuständigen Beratern gesprochen und uns über die Möglichkeiten der Beratung informiert. Der Therapieraum wurde erkundet und einige therapeutische Spiele ausprobiert. Um die Beratungsstelle zu einem lebendigen Ort für Jugendliche werden zu lassen,

mussten sie eine Gruppenaufgabe lösen. „ Sprecht folgende Personen auf der Straße an und begeistere sie für ein Gruppenfoto auf dem Balkon der Beratungsstelle: Drei Kinder ab 6 Jahre, eine Hausfrau, ein Mann ab 40 Jahre, ein Hund, jemand aus der Beratungsstelle, die Klasse." Die Aufgabe sollte in 10 Minuten gelöst sein. Das Gruppenfoto ist ein erlebnispädagogisches Element, in dem die TeilnehmerInnen verschiedene Fähigkeiten einüben: Teamwork, Kommunikationsfähigkeit, Kontaktfreudigkeit, Koordination, Konzentration, Auseinandersetzung mit den Reaktionen des Umfeldes. Obwohl an diesem Nachmittag wenig Passanten auf der Strasse waren, haben die SchülerInnen die Aufgabe mit Bravour gelöst.

- ANAD, Beratungsstelle für Essstörungen:
Besichtigung der Räume einer Wohngruppe, Information einholen über die verschiedenen Erkrankungen und Therapieplan. Gespräch über: Wann bin ich schön? Anschließend war im Park ein „Solo" zur Sinneswahrnehmung geplant. Die SchülerInnen sollten jeder für sich alleine im Park verteilt, einen Platz suchen, die Augen für 10 bis 15 Minuten schließen und die Geräusche um sie herum aufnehmen. Leider machte das schlechte Wetter der Aktion ein Ende.

- BISS, Zeitschrift von obdachlosen Menschen:
Interviewaktion: Biographie eines ehemaligen Obdachlosen und sein Erleben von Sucht (Alkohol) sowie seine Resozialisierung. Jetzt Redaktionsmitglied von BISS.

- Interview am Marienplatz:
Zum Thema Nikotin interviewten die SchülerInnen Passanten mit dem Cassettenrecorder. Erarbeitete Fragen waren: Wie lange rauchen Sie schon ? Haben Sie schon probiert aufzuhören? Was hat Ihnen dabei geholfen? Was halten Sie von Rauchverbot in öffentlichen Gebäuden? Manche SchülerInnen haben über 30 Passanten befragt.

BISS-Verkäufer im Münchner U-Bahn-Untergrund

- Kletteraktion:
  In der Kletterhalle „Heavens Gate" im Kunstpark Ost hatten die SchülerInnen Gelegenheit, ihre Fähigkeiten an der Wand mit den diversen Schwierigkeitsgraden auszuloten. Materialkenntnis, Sicherungstechniken, Kletterregeln gehörten ebenso zum Programm, wie sich in der Gruppe erleben. Sichern und gesichert werden, das Überwinden von Ängsten und Erfahren von Erfolgen in der „Wand" machten die Aktion zu einem intensiven Sinnenerlebnis verbunden mit Körpererfahrung.
- Condrobs:
  In zwei Gruppen eingeteilt führte je ein Berater ein Planspiel durch. Thema war, Aufklärung über die unterschiedlichen Suchtformen, körperliche und psychische Folgen und Hilfestellungmöglichkeiten seitens der Beratungsstelle zu erhalten. Zur weiteren Auseinandersetzung mit dem Thema „Beratungsstelle" ergab sich ein Plakatwettbewerb für die Klasse für ein Werbeplakat von Condrobs.

Auswertungsmethoden:

Mit Jugendlichen ist es wichtig, Auswertungsmethoden zu wählen, die sie nicht zu lange beanspruchen oder die abwechslungsreich sind. Bei diesem Projekt hat sich die Moderationsmethode bewährt. Die Schülerinnen konnten auf Kärtchen die Fragen beantworten und sie anschließend zuordnen. Darüber ergab sich ein Gespräch über die unterschiedlichen Antworten. Ebenso waren sie im Klassenraum immer in Bewegung, durften teils in der Gruppe arbeiten und ihre Ergebnisse präsentieren. Fragen nach den ersten Aktionen waren: Welche Vorstellung hattet ihr von den Beratungsstellen? Welchen Eindruck hattet ihr danach? Welche Fähigkeiten brauchtet ihr für das Fotospiel? – Nenne drei. Welche Gefühle hattet ihr bei den Aktionen?

Die Auswertung der Interviews geschah ebenso in Kleingruppen. Die Interviewfragen wurden auf ein Plakat übertragen und nachreflektiert. Zusätzlich war die Aufgabe, „Sätze, die mir gefallen haben" zu notieren und den anderen vorzutragen. Ausgewertet wurde auch, was die Jugendlichen während des Projekts zum Thema Sucht erfahren haben.

Bewertung

Das Projekt wurde deutlich positiv bewertet. Besonders Aktionen, die hohen Eigenaktivitätscharakter hatten, fanden hohe Zustimmung. Eindrucksvoll war auch, wie die SchülerInnen ihre Erlebnisse in der Reflexion in Sprache fassen konnten und auf ihr eigenes Leben beziehen konnten. Besonders bemerkenswert war, dass bei der Aufgabe, Fotospiel – nenne drei Fähigkeiten, die dazu nötig waren – alle Fähigkeiten von den SchülerInnen selbst genannt wurden! Für den Erfolg des Projekts sprach weiterhin, dass die SchülerInnen teils weit über die Zeit des Neigungskurses gearbeitet haben und an einem weiteren City Bound Projekt teilnehmen wollen. Günstig hat sich die Trennung von Mädchen und Jungen beim Besuch der Beratungsstelle von Condrobs zur Arbeit in den Gruppen herausgestellt. Die

Fragestellungen variierten deutlich. Bei einzelnen Aktionen und Auswertungen, war die Rolle der Lehrkraft eine teilnehmende: dies hat die Beziehung zwischen Lehrkraft und SchülerIn verändert, da beide voneinander lernen konnten.

Weitere Möglichkeiten von City Bound an Schulen

Gestaltung eines Schullandheimaufenthalts
City Bound Aktivitäten können auch Programm eines Aufenthaltes im Schullandheim sein.

Beispiel Füssen: Aneignung der Stadt auf eigene Faust. Die Jugendlichen bekamen eine Liste von verschiedenen Berufen, besonders der für dieser Stadt typischen, z.B. Geigenbauer. Sie sollten mittels Stadtplan die Firmen finden und die Menschen an ihrem Arbeitsplatz interviewen. Die Interviews sollten nicht länger als 10 bis 15 Minuten dauern, da sie nicht mit den Berufstätigen vorher abgesprochen waren. Die Fragen wurden vorbereitet und dienten als Leitfaden. Mit der Auswertung konnte so die Berufswelt der Stadt Füssen und ihrer Besonderheiten induktiv erarbeitet werden.

Gestaltung einer Exkursion
Beispiel Regensburg: Die SchülerInnen (eines Gymnasiums) sollten sich mit der Geschichte der Stadt Regensburg vertraut machen. Zur Vorbereitung dieser Aktion wurden im Vorfeld markante Ausschnitte der Stadt fotografiert: einen Teil eines Tores, eine Stück von einem Brunnen, einen Hauserker, ein Relief, eine gußeiserne Toreskette etc.. Die SchülerInnen sollten später diese Bildausschnitte in der Stadt finden und die Geschichte, die sich dahinter verbirgt, aufschreiben. In der Auswertung konnte wiederum so die römische Vergangenheit von Regensburg erarbeitet werden.

Ergebnis: Bei beiden Aktionen waren die Jugendlichen mit Begeisterung bei der Arbeit. Sie konnten selbständig sein, sich Wissen aneignen und die Art der Aneignung war mit Spaß und Abenteuer verbunden. Es gibt eine Vielzahl von Aktionen, die sich hier anbieten, von einer Kletteraktion über eine ungewöhnliche Übernachtung – der Phantasie sind keine Grenzen gesetzt.

Biographiestudien unter dem Blickwinkel der Krisenbewältigung
Die Themen „Gewalt und Konflikt" sollten unter einem positiven Ansatz aufbereiten werden (Projekt mit einem Gymnasium).

Gespräche mit einem Überlebenden des KZ Theresienstadt oder eines ehemaligen Obdachlosen können gute Ansätze sein, um sich in diese Problematik der Krisen einzufühlen und von den Bewältigungsprozessen zu lernen.

Einschätzung und Prognose

City Bound Projekte an Schulen sind hervorragend geeignet, um zum einen persönlichkeitsfördernde Impulse zu setzen und zum anderen, Wissen handlungsorientiert zu vermitteln. Der Ansatz kommt der Abenteuerlust und Neugierde der Jugendlichen nach sowie dem Bedürfnis nach Bewegung und Spannung. Leider ist die Verknüpfung Erlebnispädagogik und Schulpädagogik noch immer ein Novum. Obwohl die Forderung seitens der SchülerInnen und LehrerInnen nach innovativem Lernen, mehr oder weniger deutlich formuliert, hoch ist, sind die Kooperationen ein Einzelfall. Gründe dafür sind u.a. struktureller und finanzieller Art. Noch immer haben Lehrpläne ein enges Korsett, bzw. es herrscht die Meinung vor, Unterricht findet im Klassenzimmer statt. Hier gilt es, diesen Grundsatz aufzubrechen und ungewöhnliche Methoden zu erforschen. Denn, wie heißt es so schön: „Nicht für die Schule, für das Leben lernen wir." Obwohl erlebnispädagogische City Bound Projekte mit einem kleinen Budget realisierbar sind, fehlen oft die finanziellen Mittel. Lösungsmöglichkeiten sehe ich in der Zusammenarbeit mit anderen Institutionen oder in der Beantragung von Projektgeldern für ein Modellprojekt. Denn City Bound Projekte sollten in jedem Fall von einem entsprechenden Trainer begleitet werden, der die Fachkenntnis besitzt und die Aktionen bereits durchgeführt hat.

Aus meiner Sicht und in zahlreichen Gesprächen mit verschiedenen LehrerInnen wurde deutlich, dass City Bound Projekte ein Ansatz für die nahe Zukunft sein können, um praxisorientiertes Lernen zu initiieren.

Karin Feige

Jahrgang 1962,
Diplom-Sozialpädagogin (FH),
Leitung eines Jugendzentrums des Kreisjugendrings München-Stadt,
City Bound Trainerin (kfprojekt@hotmail.com),
Projektentwicklung und -begleitung, Autorin von Artikeln über
Erlebnispädagogik in der Stadt und Sozialräumliche Perspektive

Andrea Niedermaier, Jiri Kadlec

3.2 „Out of München – City Bound"

City Bound Elemente im Schulklassenprogramm

„München erkunden auf eine andere Art. In Kleingruppen, begleitet, aber auf eigene Faust. Dabei gilt es, zahlreiche Aufgaben zu lösen, die die Gruppe, aber auch den Einzelnen herausfordern, z. B. ein Gruppenfoto mit Passanten auf dem Marienplatz oder eine Aufgabe zur Flößerei an der Isar. Erfahrungen über das eigenen Handeln und das Gruppenerlebnis stehen dabei im Vordergrund. „Out of München – City Bound" ist Erlebnispädagogik in der Stadt."

So lautet die Beschreibung des Angebots, das Martin, ein Schüler der 10c einer Realschule beim Frühstück seiner Klasse vorliest. *„Das werden wir heute machen,"* sagt der Lehrer. Die Klasse ist auf Abschlussfahrt in München und in der Jugendherberge Burg Schwaneck untergebracht. Aufmerksam wurden die Lehrer auf das Angebot über das „Out of München" – Programmheft der Jugendbildungsstätte des KJR München-Land, das bei der Buchung der Jugendherberge mitgeschickt wurde.

Eine Schülergruppe beim Wegfahren in die Stadt

Die Jugendbildungsstätte Burg Schwaneck versucht durch das Programm „Out of München" eine Alternative zum touristischen Angebot für Schulklassen zu bieten und stellt dabei eigenes, aktives Erleben der Schüler in den Vordergrund. Angeboten werden neben Aktionen mit City Bound Elementen auch Klettern in künstlichen Kletteranlagen, Kooperative Abenteuerspiele, Kreativwerkstatt usw.

Für Aktionen mit City Bound Elementen bedeutet eine Alternative zum touristischen Angebot vor allem eine Alternative zur klassischen Stadtführung. Die folgende Auflistung zeigt die wichtigsten Unterschiede:

Stadtführung	Aktionen mit City Bound Elementen
Ergebnis festgelegt	Prozessorientiert
Frontale one-way Kommunikation	Multi-kommunikativ
Passiv	Aktivierend
Sicherer Rahmen	Fordert subjektive Risiken
Allgemein	Individueller Bezug

City Bound Elemente werden beim Projekt „Out of München" bei verschiedenen Aktionen eingesetzt:

Stadtrallye

Bei der Stadtrallye wird die Klasse in Kleingruppen eingeteilt, die dann jeweils einen Bogen mit Fragen bekommen, die sie beantworten sollen. Am Ende werden die Lösungen verglichen, und für die besten gibt es einen Preis. Die Stadtrallye wird sowohl tagsüber als auch abends angeboten.

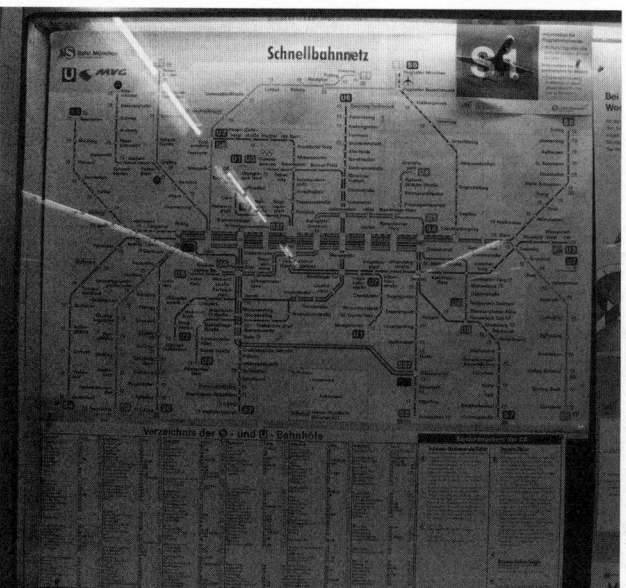

Scotland Yard

Das berühmte Spiel über die Suche nach Mister X im Großformat. Hier steht neben dem Spaß am Spiel die Zusammenarbeit und Kommunikation mit der ganzen Klasse, das entwickeln von Strategien und der Umgang mit öffentlichen Verkehrsmitteln und dem Stadtplan im Vordergrund.

Wo ist Mr. X?

Zielsetzung

Die Ziele für die Out of München Aktionen werden von verschiedenen Bereichen beeinflußt. Da das Projekt ein Angebot der Jugendbildungsstätte ist, die TeilnehmerIn aber im Rahmen einer Schulveranstaltung teilnehmen, sind beide Institutionen bei der Zielsetzung zu beachten.

Jugendbildung

Jugendbildung soll die Jugendlichen in ihrer Identitätsfindung unterstützen. Dazu müssen zum einen Werte und Normen vermittelt und entwickelt werden. Zum anderen müssen Jugendliche die Möglichkeit haben, selbstbestimmtes und autonomes Handeln auszuprobieren und zu reflektieren. Fünf wichtige Schritte sind dafür notwendig:

- Bewusst werden über eigenes Verhalten
- Zielvorstellungen entwickeln
- Dafür notwendige Informationen erarbeiten
- Urteile bilden
- Handlungsstrategien erproben (Feldmann, Roland; 1993)

Schule

Vor einigen Jahren haben die Kultusminister sich auf folgende Ziele für die Schule geeinigt. Danach soll Schule:

- Wissen, Fertigkeiten und Fähigkeiten vermitteln
- Zu selbstständigem, kritischem Urteil, eigenverantwortlichem Handeln und schöpferischer Tätigkeit befähigen
- Zu Freiheit und Demokratie erziehen
- Zu Toleranz, Achtung vor der Würde des anderen Menschen und Respekt vor anderen Überzeugungen erziehen
- Friedliche Gesinnung im Geist der Völkerverständigung wecken
- Ethische Normen sowie kulturelle und religiöse Normen verständlich machen
- Die Bereitschaft zu sozialem Handeln und zu politischer Verantwortung wecken
- Zur Wahrnehmung von Rechten und Pflichten in der Gesellschaft befähigen
- Über die Bedingungen der Arbeitswelt orientieren

Daneben gehören Persönlichkeitsentwicklung, politische und soziale Bildung, Freizeiterziehung, Kulturerziehung, Verkehrserziehung und Umwelterziehung, dem Alter und der Schulart entsprechend, zu den Zielen bzw. Aufgaben der Schule.

Klassenfahrt

Klassenfahrten gehören zur Institution Schule, allerdings werden für Klassenfahrten teilweise spezielle Ziele der jeweiligen Schule oder des Kultusministeriums vorgegeben.

Generell gilt:
Bei Schulfahrten steht die Entwicklung des Gemeinschaftsverständnisses im Vordergrund. Dazu müssen Werte vermittelt und Kooperationsfähigkeit durch die Reaktion der Gleichaltrigen und der nichtschulischen Umwelt gelernt werden.

Teamorientiertes Arbeiten und gemeinsames Tun sind die Grundpfeiler, um dies zu erreichen.

Daneben sollen originale Erfahrungen und Erkundungen ermöglicht werden, um ganzheitliches Erfassen von Themen zuzulassen (Beyer, Haffke; 1993).

Rahmenbedingungen für die Out of München Aktionen

Mitbestimmend für die Zielsetzung sind die Rahmenbedingungen, unter denen die Aktionen stattfinden. Folgende Kriterien fließen in die Ziele mit ein:

1. Die TeilnehmerInnen kennen die Stadt nicht.
2. Die Aktion dauert cirka sechs Stunden.
3. Die Gruppengröße variiert zwischen 15 und 50 TeilnehmerInnen.
4. Die Altersstufen liegen zwischen 12 und 19 Jahren.
5. Die TeilnehmerInnen sind Hauptschüler, Realschüler oder Gymnasiasten.
6. Die Aktionen werden von den Schülern bzw. der Schule finanziert; es gibt keine Förderung.
7. Es handelt sich um eine Schulveranstaltung.
8. TeilnehmerInnen, Teamer und LehrerInnen kennen sich vorher nicht.
9. Informationen der Lehrkräfte im Vorfeld.
10. Die Aktionen werden als Alternative zur Stadtführung gebucht.

Ziele für Out of München Aktionen mit City Bound Elementen

Es ergeben sich also folgende Ziele:

Verbesserung der Alltagskompetenz
- sich in unbekanntem Umfeld zurechtfinden
- Selbständiger, sicherer Umgang mit den öffentlichen Verkehrsmitteln
- sicherer Umgang mit dem Stadtplan
- Kennen lernen von öffentlichen Institutionen wie Polizei, Rathaus, Verkehrsbetriebe etc.

Verbesserung des Sozialverhaltens
- besser zuhören, Kontakt aufbauen, Vorurteile abbauen können
- Arbeiten im Team, Auseinandersetzen über Vorgehensweise etc.
- Kontakt mit Bürgern auf der Straße und in Institutionen aufnehmen (Kultur kennen lernen, Selbstvertrauen stärken durch sich trauen, Leute anzusprechen, andere Meinungen, Ansichten kennen lernen)
- Kennen lernen und hinterfragen der Kultur durch Besuch und beantworten von Fragen zu verschiedenen Orten in München

Persönlichkeitsbildung fördern
- Selbstvertrauen aufbauen, Ausdauer erlernen, positives Selbstbild erlernen
- Ganzheitliches Lernen durch Aufgaben zu Themen, die auch im Schulunterricht vorkommen, etwa zum Nationalsozialismus
- Selbstbestimmtes Handeln innerhalb der Gruppe und in Auseinandersetzung mit der Aufgabenstellung
- Erfahrung individueller Grenzen
- Bewusst werden und Auseinandersetzen mit der eigenen Rolle und dem eigenen Verhalten
- Bewusst werden und Auseinandersetzen mit Klischees, Vorurteilen gegenüber Kulturen, Mitmenschen
- Spaß beim Kennen lernen der Stadt und beim Zusammenarbeiten mit anderen

Umsetzung

Ein möglicher Ablauf eines OoM City Bound Tages

10. Klasse Realschule aus einer Kleinstadt im Norden Deutschlands, 24 TeilnehmerInnen

9.00 Uhr	Begrüßung im Burghof Vorstellung Programmvorschlag eröffnen Befürchtungen und Zustimmung einholen, evtl. Freiwilligkeit an der Teilnahme klarstellen, evtl. Warming up Austeilen der Notfallkärtchen
9.30 Uhr	Anfahrt in die Stadtmitte
10.00 Uhr	Orientierungslauf spielerische Kurzauswertung
11.15 Uhr	Gruppenfoto auf dem Marienplatz mit speziellen Zusatzpersonen (z.B.: ein Bürgermeister, Bankangestellter ...) Spielerische Kurzauswertung
12.00 Uhr	Spiel zur zufälligen Gruppeneinteilung Entsenden in Kleingruppen Aufgaben: • Eintauschen von zwei Objekten gegen eine Brotzeit für die Kleingruppe • Mehrere Problemlösungsaufgaben zur Auswahl, Einigung und Umsetzung in den Kleingruppen (z.B.: Durchsage am Hauptbahnhof, Interview eines Obdachlosen ...)
15.00 Uhr	Treffpunkt im Englischen Garten zur Auswertung Zusammenführungsaufgabe Nachmittagsauswertung und Reflexionsgespräch
16.30 Uhr	Rückfahrt nach Pullach, Ende der Veranstaltung

Dieser Tagesablauf ist ein Beispiel dafür, wie eine City Bound Aktion aussehen kann. Im Folgenden wollen wir näher auf die einzelnen Bausteine eingehen.

Stadtrallye, Münchner Feldherrnhalle

Zeitfaktor:

Bedenkt man die Hin- und Rückfahrzeiten nach München, ergeben sich für die tatsächliche Aktion sieben Stunden, von denen zwei Stunden für Anleitung und Reflexion reserviert sind. Mehr Zeit steht den Klassen aus zeit- und finanztechnischen Gründen meist nicht zur Verfügung. Viele weitere Programmpunkte wollen erledigt werden und der finanzielle Rahmen ist sehr eng gesteckt. So bleibt wenig Zeit für die Referenten, die Gruppe kennen zu lernen. Da die Klassen erst einen Tag vor der Aktion anreisen, gibt es kaum eine Möglichkeit, die Gruppe und/oder deren Lehrkräfte kennen zu lernen. Somit können die Lernsituationen nicht extra für jede Klasse einzeln ausgewählt und vorbereitet werden. Die Klassen können nur auf Grund von Eckdaten wie Alter, Gruppengröße, Schulart etc. vorbereitet werden. Die Aufgaben müssen so gestellt werden, dass sie relativ schnell bearbeitet werden können um ein Erfolgserlebnis zu garantieren und trotzdem Raum für „tiefere" Erlebnisse lassen. Der Schwierigkeitsgrad sollte variabel sein, um die Klasse weder zu unter- noch überfordern. Für die Reflexion ist die Folge der kurzen Zeit, dass nur sehr allgemein reflektiert werden kann, da man nicht weiß, wo z. B. Probleme in der Klasse liegen etc.

Einführung:

Bei der Einführung geht es darum, Vertrauen zu schaffen und den Schülern die Aktion so zu präsentieren, dass eine gewisse Spannung erhalten bleibt, sich die Schüler aber trotzdem etwas darunter vorstellen können. Sie sollen wissen, worauf sie sich einlassen und bewusst entscheiden, ob sie dies auch wollen. Hier beginnt bereits selbstverantwortliches Handeln. Je nach Stimmung in der Gruppe kann ein erstes Warming up – Spiel gemacht werden.

Um die größtmögliche Sicherheit zu gewährleisten, bekommen alle Schüler eine Notfallkarte, auf der Name und Mobiltelefonnummer der Referenten sowie die Telefonnummer und Adresse der Jugendbildungsstätte aufgelistet sind.

1. Aufgabe: Orientierungslauf

Die Schüler sollen die Aufgaben selbständig und ohne Begleitung erarbeiten. Da die TeilnehmerInnen die Stadt nicht kennen, ist es wichtig, gleich zu Beginn der Aktion eine Aufgabe zu stellen, bei der die Schüler spielerisch den Umgang mit Stadtplan und MVV erlernen. Bei dieser Aufgabe ist die Klasse in zwei Gruppen aufgeteilt. Beide Gruppen müssen getrennt voneinander einen bestimmten Punkt finden, der dann Ausgangsort für die weiteren Aufgaben ist. Die Referenten begleiten die Gruppen, greifen aber nur im Notfall ein. So können die TeilnehmerInnen zwar eigenverantwortlich, aber im geschützten Rahmen die erste Aufgabe lösen. Für eine spielerische Kurzauswertung gibt es viele Varianten. Hier bietet sich die Gelegenheit für die TeilnehmerInnen, ihre Meinung deutlich zu machen. Hilfreich ist es, zunächst nonverbale Möglichkeiten zu wählen, um die Schüler langsam an die Reflexion heranzuführen.

2. Aufgabe: Polaroidbild auf dem Marienplatz

Hier ist die ganze Klasse gefragt. Im „Schutz" der großen Gruppe geht es darum, Leute anzusprechen, die sich für ein Foto bereit erklären. Strategienentwicklung, Kommunikation und Kooperation sind hier gefragt.

3. Aufgabe: „Appel und 'n Ei"

Bei dieser Aufgabe sollen die Schüler, jetzt in Kleingruppen, zwei Gegenstände gegen etwas anderes tauschen. Die Schüler müssen Leute ansprechen und sie um etwas bitten. Dazu kommt die Originalität der Frage; es muss nicht nur nach der Uhrzeit oder dem Weg gefragt werden.

4. Aufgabe: Dies ist die „Hauptaufgabe" für die Kleingruppen. Diese Aufgabe sollte so gestellt sein, dass sie Spielraum für die Gruppe möglich macht. Das bedeutet, dass sie einfach zu „lösen" ist, trotzdem durch Zusatzfragen und Aufgaben tiefer in das Thema einsteigen lässt. So kann man z. B. fragen, wie viel die teuerste Suite in einem Hotel kostet. Zusätzlich sollen sich die Schüler dann die Suite zeigen lassen, von dem Portier erzählen lassen wer schon alles dort übernachtet hat usw.

Die Aufgabenauswahl ist hier beispielhaft dargestellt. An dieser Stelle soll nun auf die Kriterien für die Schwierigkeit von City Bound Aufgaben eingegangen werden.

Kriterien für die Schwierigkeit der Aufgaben:

Prinzipiell lassen sich die Aufgaben innerhalb des OoM-City-Bounds in sieben Kategorien gliedern:

1. Warm-up,
2. Wahrnehmung,
3. Vertrauen,
4. Kommunikation,
5. Kooperation,
6. Problemlösung,
7. Reflexion

Diese helfen der Leitung bei der Auswahl der richtigen Aufgaben für die verschiedenen Situationen, Gruppen und Zielrichtungen. Die Leitung muss sensibel auf Entwicklungen in der Gruppe achten und gegebenenfalls spontan mit Veränderungen im Programm reagieren, zum Beispiel auch was die Schwierigkeit der Aufgaben betrifft. Schon kleinste Hilfestellungen können eine Lösung der Aufgaben ermöglichen.

„Leiten ist wie eine Kunst – teilweise Gefühl, ein bisschen Intuition, ein Teil Analyse, Theorie und eine Portion Erfahrung" (Rohnke, Butler; 2002).

Die Schwierigkeit der Aufgaben richtet sich vor allem nach deren Komplexität. Komplexität richtet sich hauptsächlich erstens nach der Informationsmenge in der Aufgabenstellung und zweitens nach der Art/Intensität der benötigten Interaktion.

So kann man hier kurz sagen: Je mehr Informationen zur Umsetzung und Lösung vorgegeben wird, umso geringer wird die Komplexität der Aufgabe.

Aufgaben lassen sich auch in drei Stufen aufstellen (Reiners, 2000):
In der *ersten Stufe* steht die intrapersonale Ebene der Person im Mittelpunkt. Die TeilnehmerIn soll sich über den Vorgang der eigenen Wahrnehmung bewusst werden und lernen diese zu steuern und sich darüber auszudrücken. Er lernt mehr über sich selbst und seine Handlungsmuster.

Die *zweite Stufe* beinhaltet die erste und beschäftigt sich hauptsächlich mit dem interaktiven Verhalten die TeilnehmerIn. Ihr Blickpunkt ist auf das Erleben der eigenen Persönlichkeit im Zusammenspiel mit anderen Gruppenmitgliedern und dem Erleben dieser gerichtet. Die Aufgaben provozieren Interaktion. Sicherheit, Vertrauen und Normalitätsbilder sollen durch solche Aktionen aufgebaut werden.

Die *dritte Stufe* erreicht den höchsten Grad der Komplexität. Hier werden die TeilnehmerInnen aufgefordert ihre Handlungskompetenzen in gemeinsamen Aktionen umzusetzen.

Dabei geht es vor allem darum, den Schülern den Weg eines Entscheidungsfindungsprozesses, die Möglichkeiten der Mitbestimmung, Leitungsfunktion etc. deutlich zu machen anhand von beispielhaften Situationen und Aufgaben in einem geschützten Rahmen einer solchen Schulaktion.

Im Folgenden möchten wir beispielhaft und konkret sowie ohne Anspruch auf Vollständigkeit einzelne Faktoren ansprechen, die Aufgaben im City Bound leicht oder schwer erscheinen lassen:

Leicht:
Aufgabe mit Ortsangabe, bei der keine Personen angesprochen werden müssen, vom Ausgangspunkt bereits zu erkennen. (z.B. Beginn am Stachus, „Wie heißen die Personen, deren Namen im Karlstor am Stachus verewigt sind? Geht dort hin und schreibt die Namen auf das Lösungsblatt.")

Schwer:
Aufgaben, bei denen Personen angesprochen werden müssen, bekannte Verhaltensmuster nicht funktionieren, keine klare Anweisung gegeben wird, keine Lösungsstrategie genannt wird (z.B.: „Verdient euch eure Brotzeit, egal wie, aber legal")

Objektive und subjektive Risiken

Wie bereits erwähnt, bekommen die TeilnehmerInnen zu Beginn Notfallkärtchen, um bei Schwierigkeiten eine der LeiterInnen erreichen zu können. Die TeilnehmerInnen werden bei den Aktionen Risiken ausgesetzt, die nicht komplett einschätzbar und auszuschalten sind. Diese Risiken können unterschieden werden in objektive und subjektive Risiken.

Subjektive Risiken:
Risiken, die die TeilnehmerInnen als solche empfinden, entweder bereits vor der Aufgabe, wenn die Schüler die Aufgabe von vornherein als risikoreich empfinden, oder wenn während der Aktion Schwierigkeiten auftreten.

- Aufgabe wird als zu schwierig empfunden
- Grenzüberschreitungen, z.B. durch Gruppenzwang
- Konfliktsituationen in der Gruppe

Objektive Risiken:
Dies sind Risiken, die im Umfeld der Stadt lauern.

- TN verlaufen sich
- Unfallgefahr
- Außergewöhnliche Ereignisse, wie Oktoberfest, Demonstrationen …

Einige dieser Risiken können und müssen im Vorfeld so gut wie möglich eingeschätzt und ausgeschlossen werden.

Kompetenzen der LeiterInnen

Erfahrung, ein großes Methodenrepertoire (für Aufgaben und Reflexionen) und Improvisationstalent der Referenten sind entscheidend für die Qualität des Lernen und Erlebens der Schüler. Die LeiterInnen eröffnen mit den Aufgaben Lernchancen, die von den Schülern wahrgenommen werden können, um Selbstbilder zu hinterfragen und Verhaltensmuster zu verändern. Die Maßnahmen müssen auf die Gruppe zugeschnitten werden und ein pädagogisch sinnvolles Konzept erstellt werden, was bei einer unbekannten Gruppe, von der nur Alter, Gruppengröße und Schulart bekannt sind, schwierig ist. Bei der Begleitung von Gruppenprozessen ist die Besonderheit, dass die Gruppe sich bereits kennt und nur für kurze Zeit da ist. Die Schwierigkeit liegt darin, die Aktion so zu gestalten, dass aufkommende Konflikte entsprechend aufgefangen werden können, um ein Auseinanderbrechen der Gruppe zu verhindern, damit ein Weiterarbeiten der LehrerInnen mit der Gruppe möglich bleibt.

Die Beobachtung der Gruppe ist deshalb besonders wichtig, jedoch auch dadurch schwieriger, dass die LeiterInnen die TeilnehmerInnen noch nicht kennen und einschätzen können.

Reflexion

Auch wenn wir uns sicher sind, dass einige Erfahrungen nicht reflektiert werden müssen – nach dem Motto „The mountain (here: the city) speaks for itself" (Kraus / Schwiersch; 1999), weil sie für sich wirken und unvergessliche Erlebnisse bleiben, ist der Austausch in Hinblick auf die Zielsetzung ein nicht wegzudenkendes Element.

Die Reflexion fängt im Grunde bereits damit an, Herausgefundenes zu präsentieren oder zu erzählen. Hier hat die Erfahrung gezeigt, dass die Schüler spielerisch und durch einfache Fragen an eine Reflexion der Erlebnisse heran geführt werden müssen. Grund dafür ist zum einen, dass die Schüler das Reflektieren meist nicht gewohnt sind. Nicht selten empfinden sie es als langweilig oder „uncool", über das Erlebte zu reden.

Die spannendsten Geschichten erfährt man als Leitung meist gleich nach dem Ankommen der einzelnen Schüler auf die Frage „Und? Erzähl!"

In der großen Runde mit der ganzen Klasse antworten die Schüler dann auf die Frage „Wie ist es euch gegangen?" nur noch ein „Passt schon".

Die Kunst besteht also darin, Formen der Auswertung zu finden, die die Schüler annehmen können, etwa als Aufgabe in einer Rahmengeschichte der gesamten Aktion.

Reflexion am chinesischen Turm – München

Den Schülern fällt es meist leichter, auf klare Fragen nonverbal zu antworten. Hier gibt es eine diverse Anzahl an Methoden. Je nach Situation kann dann bei einzelnen Punkten, etwa bei Unklarheiten oder überraschenden Antworten, nachgehakt werden. Offen gestellte Fragen, zum Beispiel welche positiven und negativen Erlebnisse sie hatten, was schwierig war und wie die Situation gelöst wurde, können Impulse zum Nachdenken geben.

Je nach Gruppe kann diese Reflexion oberflächlich bleiben oder in die Tiefe gehen.

Besonders dann, wenn Aufgaben nicht gelöst werden konnten oder mit negativen Erlebnissen behaftet werden, ermöglicht eine Reflexion ein intensiveres Kennenlernen von eigenen Grenzen und Möglichkeiten (Sonntag, 2002).

Resümee der Lehrkräfte und SchülerInnen

Im Rahmen einer Diplomarbeit wurden einige Lehrkräfte auch zu City Bound und Stadtrallye von Out of München befragt.

Dabei stellte sich heraus, dass sowohl LehrerInnen als auch SchülerInnen mit den Aktionen zufrieden waren. Die LehrerInnen berichteten davon, dass die SchülerInnen nach der Aktion keine Probleme hatten, sich in München zurecht zu finden.

Die LehrerInnen bewerteten verschiedene methodische Elemente, etwa bei der Gruppeneinteilung oder einen Preis für eine Stadtrallye, der erst im Ganzen etwas Sinnvolles ergibt, positiv und sinnvoll.

Eine Klasse hatte sich selbst eine Scotland Yard Aktion ausgesucht, um sich in München zurecht zu finden. Diese Fähigkeit konnte dann auch auf andere Städte übertragen werden. Die Lehrerin berichtete, dass die Klasse in einer anderen Großstadt eigenständig die Wege und Treffpunkte geplant hatte und dies auch geklappt hatte. Die Schüler eines musischen Gymnasiums waren während einer City Bound Aktion auch in die Pinakothek der Moderne gekommen und äußerten von sich aus den Wunsch, unbedingt noch einmal dort hinein zu gehen, um mehr Zeit für das Museum zu haben.

Von Lehrkräften werden daneben auch positive Effekte für die Klasse genannt:
Von erstaunlichem Durchhaltevermögen, eigenständiger Planung der nächsten Programmpunkte, mehr Offenheit, Pünktlichkeit, Gemeinschaftssinn und größerer Selbständigkeit wurde uns berichtet.

Der Effekt der Aktionen für den Umgang der Lehrer mit der Klasse darf nicht unterschätzt werden. Einige LehrerInnen sind überrascht über ihre Klasse und können ihnen mehr Selbständigkeit zutrauen. Das entlastet die Lehrkräfte und stärkt das (Gruppen-)Selbstbewusstsein der Schüler und fördert deren persönliche Eigenständigkeit.

Die meisten Lehrkräfte würden gerne noch mehr Angebote nutzen, allerdings lässt dies das Budget für die Klassenfahrten meist nicht zu (Niedermaier, Andrea: Gästeunterstützende Belegerprogramme an Jugendbildungsstätten 2003).

Resümee der Jugendbildungsstätte

Auf Grund der genannten Rahmenbedingungen und der Erfahrungen, die mit den Elementen bisher gemacht wurden, kann gesagt werden, dass die Durchführung solcher Aktionen durchaus sinnvoll ist, jedoch als pädagogisch niederschwelliges Angebot angesehen werden muss.

Die Erfahrung hat gezeigt, dass ein City Bound mit einer fremden Klasse, die nur sechs Stunden Zeit hat und die Stadt noch nicht kennt, nur als Anstoßen und Anreißen gesehen werden kann.

Trotzdem kann für die Jugendbildungsstätte ein positives Resümee gezogen werden. Aus ihrer Sicht wird das Ziel, eine Alternative zur klassischen Stadtführung zu bieten, auf alle Fälle erreicht. Dies zeigt sich zum einen daran, dass etwa ein Drittel aller Schulklassen, die in der Jugendherberge zu Gast sind, eine Aktion mit City Bound Elementen buchen. Die aktive Teilnahme der Schüler zeigt, dass die Aktionen den Schülern gefallen, auch wenn sie sie nicht selbst ausgesucht haben. Eine Stadt auf eigenen Faust zu erkunden macht einfach mehr Spaß, als einem Stadtführer hinterherzulaufen.

Viele Schüler sind erstaunt darüber, wie viel Selbstverantwortung und Entscheidungsspielraum ihnen gegeben wird.

Dies zeigt, dass die City Bound Aktionen eine Alternative zum Schulalltag bieten, in dem der Spielraum zum ausprobieren und eigenverantwortlichen Handeln auf Grund des Zeit- und Notendrucks sehr begrenzt ist.

Andrea Niedermaier

Jahrgang 1976,
Diplom-Sozialpädagogin,
Referententätigkeit für die Jugendbildungsstätte Burg Schwaneck des
Kreisjugendring München-Land, neben diversen Jugendbildungs-
seminaren auch die Organisation des Programms „Out of München"
zur pädagogischen Unterstützung der Gäste der Jugendherberge.
Kursleiterin für berufsvorbereitende Maßnahmen

Jiri Kadlec

Jahrgang 1975,
Diplom-Sozialpädagoge,
FÜL und Trainer C Klettersport
Langjährige Referententätigkeit für die Jugendbildungsstätte Burg
Schwaneck des Kreisjugendring München-Land, Jugendbildungs-
seminare, Haupt- und Ehrenamtlichenfortbildungen, Erlebnispädagogik

Susanne Kaiser, Roland Wolff

3.3 An-Statt:

City Bound-Programme zur Förderung alltags- und berufsrelevanter Fähigkeiten von Jugendlichen

Im Rahmen des Projektes „Lebensweltorientierte Schulsozialarbeit" im Landkreis Marburg-Biedenkopf kristallisierte sich ein zunehmender Bedarf an praktischen Programmen zur Förderung alltags- und berufsrelevanter Fähigkeiten heraus.

Als eine wesentliche Ursache hierfür ist die sich gegenwärtig zuspitzende Situation am Arbeitsmarkt zu verstehen und lineare Erwerbskarrieren sind in der Regel nicht mehr vorzufinden. Darüber hinaus ist der *Arbeitsplatz in der Nachbarschaft* ein Relikt vergangener Zeiten.

Der Eintritt in die Arbeitswelt gestaltet sich für Jugendliche also zunehmend schwieriger und verlangt von ihnen Kompetenzen, die in der Schule kaum vermittelt werden können. Was dies konkret bedeuten kann, soll im Folgenden anhand der Arbeit mit einer Hauptschulklasse geschildert werden.

Die Zielgruppe und ihr Lebensumfeld

Der Landkreis Marburg-Biedenkopf ist ein ländliches Gebiet, das – abgesehen vom Bildungsangebot – in jedweder Hinsicht über eine schwach ausgeprägte Infrastruktur verfügt. Die Verkehrsanbindung der Dörfer an die Kleinstädte ist schlecht ausgebaut. Keine der im Kreis Marburg-Biedenkopf befindlichen Städte verfügt über ein U- oder Straßenbahnnetz; Zug- oder Busverkehr sind die gängigen Transportsysteme. Darüber hinaus ist der Anteil von Großbetrieben und Industrie sehr gering. Marburg, die größte Stadt im Kreis, ist eine Universitätsstadt. Angrenzende Kleinstädte verfügen zwar über Gewerbeansiedlungen, die aber nicht annähernd ausreichen um die Zahl der Ausbildungssuchenden aufzufangen.

Die von uns betreute Klasse H8 besucht den Hauptschulzweig einer additiven Gesamtschule in einer Kleinstadt; sie setzt sich aus 28 Jungen und Mädchen zwischen 13 und 15 Jahren zusammen. Der Anteil an SchülerInnen mit Migrationshintergrund ist im Vergleich zu den Hauptschulklassen in Ballungsräumen relativ gering. Ein Großteil der Klasse hat enorme Schwierigkeiten hinsichtlich der schulischen Leistungen; maximal ein Viertel hat eine reelle Chance im Anschluss an den Hauptschulabschluss einen mittleren Bildungsabschluss zu erreichen. Die meisten der Jugendlichen besitzen unrealistische Vorstellungen in Hinblick auf ihren zukünftigen beruflichen Weg. Medienveranstaltungen wie „Deutschland sucht den Superstar" oder „Star-Search" veranlassen sie, überhöhte berufliche Vorstellungen zu entwickeln. Auf der anderen Seite sind sie in der Regel gar nicht oder ungenügend über die Einstiegsvoraussetzungen ihres Wunschberufes informiert. Außerdem bringen sie ihre schulischen Leistungen nicht in Zusammenhang mit dem von ihnen gewünschten Beruf. So äußert zum Beispiel eine türkische Schülerin mit schlechten Deutschkenntnissen den Wunsch Sekretärin zu werden. Über diese Phantasien hinaus scheinen nur wenige der Schüler ernsthaft an der Thematik Arbeitswelt interessiert. Viele haben sich möglicherweise insgeheim bereits damit abgefunden, keinen Ausbildungsplatz zu finden und in eine Warteschleife (Berufsvorbereitungsjahr, Berufsgrundjahr oder Qualifizierungslehrgänge von Jugendhilfeträgern) einzutreten.

Die Förderung alltags- und arbeitsweltbezogener Fähigkeiten

Im Januar 2003 startete das Projekt: „Förderung alltags- und arbeitsweltbezogener Fähigkeiten im Hinblick auf den Übergang von Schule zu Beruf". Ziel war es, durch eine intensive Auseinandersetzung mit dem individuell angestrebten Beruf, die Jugendlichen darin zu unterstützen eine realistische, auf ihre Fähigkeiten abgestimmte, berufliche Perspektive zu entwickeln. Das bevorstehende Praktikum sollte in Anlehnung an den jeweiligen Wunschberuf ausgewählt werden und dazu dienen, die getroffene berufliche Entscheidung kritisch zu hinterfragen. Darüber hinaus fanden Fragen und Emotionen [1] der Jugendlichen im Hinblick auf das Praktikum Berücksichtigung. Außerdem wurden die SchülerInnen mit Anforderungen von Personalchefs gegenüber ihren Auszubildenden konfrontiert, indem sie diese „Türsteher" der Arbeitswelt in ihren Betrieben aufsuchten und hinsichtlich ihrer Erwartungen an Auszubildende und Praktikanten befragten.

Im Verlauf des Programms kristallisierte sich zunehmend der Bedarf heraus, Qualifikationen zu fördern, die zwar für den Übergang Schule Beruf relevant sind, aber nicht in unmittelbarem Zusammenhang mit der Berufsauswahl stehen. Viele TeilnehmerInnen zeigten Schwierigkeiten in der Kontaktaufnahme zu fremden Menschen und hatten Schwierigkeiten situationsangemessen zu kommunizieren.

---

[1] „Wie trete ich mit meinen Kollegen in Kontakt? Wie verhalte ich mich, wenn ein Kunde unhöflich wird? Was mache ich, wenn mir etwas kaputt geht? Was brauche ich an meinem ersten Tag?" etc.

Sie stigmatisierten sich als HauptschülerInnen und somit als chancenlos, verfügten über eine geringe Frustrationstoleranz und hielten daran fest, nur dort zu arbeiten, wo sie auch lebten. Bei der Vorstellung des Programms zur Förderung alltags- und arbeitsrelevanter Fähigkeiten reagierte ein Großteil der Klasse mit Ablehnung. *„Wozu denn, wir finden sowieso keinen Ausbildungsplatz",* war unter anderem die Rückmeldung eines Schülers. Insgesamt schien die Motivation der Jugendlichen für ein solches Programm zunächst sehr gering.

Im Hinblick auf die Diskrepanz zwischen den Fähigkeiten der Jugendlichen und den Herausforderungen, denen sie sich in absehbarer Zukunft zu stellen hatten, schien es dringend erforderlich, eine weitere Blockveranstaltung anzubieten.

City Bound – ein dreitägiges Programm in Wetzlar

Leider war es nicht möglich, die Veranstaltung vollständig in den schulischen Kontext zu integrieren. Die Vorbereitung auf die Projektabschlussprüfung und anstehende Klassenarbeiten verhinderten die erneute Unterrichtsbefreiung der Klasse für ein dreitägiges Programm. Aus diesem Grund wurde die Veranstaltung als ein freiwilliges Angebot in den Ferien konzipiert. Alle SchülerInnen der Klasse erhielten einen Brief mit der Beschreibung der Programminhalte und dem Hinweis, dass die Veranstaltung „An-Statt; Aktivitäten in und mit dem städtischem Leben" dazu beitragen könnte die Bewältigung des Überganges Schule-Beruf erfolgreicher zu gestalten. Die Unkosten beliefen sich auf 60,00 Euro pro Person.

Sieben Schülerinnen – eine davon ausländischer Herkunft – im Alter von 14 und 15 Jahren meldeten sich zu dem Projekt an. Diese geringe Zahl lässt sich unter anderem auf die relativ hohen Kosten und den Termin innerhalb der Sommerferien zurückführen. Einige Klassenmitglieder äußerten explizit, dass sie nicht bereit wären, Ferientage in ihre persönliche Qualifizierung zu investieren.
Organisiert und betreut wurde die Projektfahrt von zwei Mitarbeiterinnen des Vereins zur Förderung bewegungs- und sportorientierter Jugendsozialarbeit (bsj e.V.) in Marburg, Hessen.

Lernziele der hier beschriebenen Veranstaltung waren:

- Förderung der Orientierungsfähigkeit in fremden Räumen
- Stärkung des Selbstvertrauens
- Förderung der Kommunikationsfähigkeit und -bereitschaft
- Stärkung der Frustrationstoleranz
- Ausbau von Eigeninitiative und Organisationskompetenz

Im Vordergrund der Veranstaltung stand Praxis- und Selbsterfahrung für die Teilnehmerinnen. Es wurde von den Teilnehmerinnen ein hohes Maß an Flexibilität, Kreativität und Spontaneität verlangt.
Gleichzeitig musste gewährleistet sein, dass die Mädchen zu keinem Zeitpunkt überfordert waren – ein Balanceakt zwischen Herausforderung und Überforderung.

In der praktischen Umsetzung bedeutet dies, dass unvorhergesehene Situationen wie befremdliche Reaktionen von Passanten oder andere Widrigkeiten von den Teilnehmerinnen individuell und ohne Anleitung von außen (durch Teamer) gelöst werden müssen. Die Übernahme von Selbstverantwortung und Selbstmanagement durch die Teilnehmerinnen ist von zentraler Bedeutung für das Erreichen der oben genannten Ziele. Dies bedeutet auch, dass den Teilnehmerinnen ein hohes Maß an Vertrauen entgegen gebracht werden muss. Dadurch, dass die Jugendlichen ohne die unmittelbare Kontrolle von Autoritäten agieren, ist nur bedingt nachvollziehbar, ob sie die Aufgaben mit vollem Einsatz lösen. Denkbar ist, dass sie einen Teil der vorgegebenen Zeitspannen nutzen, um sich frei in der Stadt zu bewegen, Kaffee zu trinken oder Einkäufe zu tätigen. Sie müssen dann zwar auch agieren, um geforderte Ergebnisse zu sichern, aber das Maß an eigenem Engagement ist frei wählbar und die Lösung einer Aufgabe vielseitig auslegbar: ein sicherlich herausfordernder Gedanke für die Leitung, aber ein notwendigeres Tribut an das Prinzip, den Jugendlichen (Mit-) Verantwortung für den Prozess zu übergeben.

Die Durchführung eines City Bound-Programms, bietet Chancen und schafft Settings, die bedeutsame Lern- und Erfahrungsmöglichkeiten bieten; die TeilnehmerInnen können diese nutzen oder an sich vorbei streichen lassen. Dies liegt in ihrer Verantwortung. Denn nur wenn die TeilnehmerInnen ihre Verantwortung erkennen und übernehmen, können sie sich mit den jeweiligen Aufgaben und deren Erfolg oder Misserfolg identifizieren.
Der Titel der Veranstaltung, „An-Statt", drückt die Vorgehensweise des Programms aus. Die Gruppe verließ bekannte Situationen und Handlungsmuster und bewegte sich auf neuem und unvorhersehbarem Terrain. Es wurden eigene Wirklichkeiten geschaffen, die erfahrbar machten, wie sich Handlungs- und Aktionsradien erweitern und verschieben lassen. Alte Vorstellungen wurden aufgebrochen und durch neue ergänzt.

Hans Geißlinger beschreibt diesen Vorgang in seinem Buch: „Überfälle auf die Wirklichkeit" treffend: *„Denn im gleichen Maße, wie die Wirklichkeit Möglichkeiten weckt, können eben auch aus Möglichkeiten Wirklichkeiten entwachsen"* (Hans Geißlinger; 1999, S. 9).

Die Praxis

Der erste Tag

Zweieinhalb Tage Aktionen in und mit dem städtischen Leben außerhalb der vertrauten Umgebung bedeuteten wenig Zeit für viele Inhalte. Das Ziel lautete Wetzlar, eine klassische Industriestadt mit ca. 60 000 Einwohnern, gerade mal 50 km entfernt. Für die Mädchen ein Abenteuer.

Zum Ankommen und Einrichten in der Jugendherberge blieb wenig Zeit, da kurz nach der Ankunft das Programm mit einer Orientierungseinheit in der Stadt begann. Da die Teilnehmerinnen sich während aller Aktivitäten selbstständig in Wetzlar bewegen mussten, bildete diese Einheit die Grundvoraussetzung für alle weiteren Aktivitäten.

Weil der kompetente Umgang hiermit grundlegend für die Orientierung an einem fremden Ort ist und zu einem gesteigerten Sicherheitsempfinden führt, zählte die Stadtplaneinführung zu den elementaren Bausteinen des Programms.

Im Zentrum dieser Einheit standen scheinbare banale Tätigkeiten wie z.B. das Auffinden von Straßen und öffentlichen Einrichtungen, die Anfertigungen von Wegbeschreibungen und die Erläuterungen geographischer Daten.

Um zu verifizieren, dass nach einer theoretischen Einführung in den Umgang mit dem Stadtplan alle Mädchen in der Lage waren, die Inhalte auch praktisch umzusetzen, wurden ihnen ein Ziel vorgegeben, das sie innerhalb einer vorgegebenen Zeitspanne erreichen sollten. Als Entgegenkommen an das Sicherheitsbedürfnis der Teilnehmerinnen durfte diese Aufgabe von der Gruppe gemeinsam gelöst werden.

Die Gruppe erreichte vor der vereinbarten Zeit ihr Ziel und schilderte, dass diese Aufgabe für sie keinerlei Schwierigkeiten beinhaltete. Nachfragen durch die Leitung machten allerdings deutlich, dass nur ein Teil der Gruppe aktiv dazu beigetragen hatte, das angegebene Ziel ausfindig zu machen, während der Rest der Gruppe eher passiv hinterher lief. Um die Herausforderung zu erhöhen und sicher zu stellen, dass alle Teilnehmerinnen den Stadtplan angemessen nutzen konnten, wurde eine weitere Orientierungsaufgabe, jetzt allerdings für Kleingruppen gestellt.

Die nächste Aufgabe lautete: „Lichtet 15 Personen auf einem Polaroid-Foto ab. Die Personen müssen sich eigens für euch positionieren. Es sollten zwei Nationalitäten, zwei Taschen, ein Kind, sowie mindestens eine Person über 45 Jahren auf dem Foto zu sehen sein".

Die spontanen Rückmeldungen der Teilnehmerinnen zeigten, dass die Hemmschwelle, eine solche Aufgabe zu erfüllen, sehr groß war. Fast alle Mädchen formulierten, es sei ihnen peinlich mit solch einem Anliegen auf unbekannte Personen zuzugehen. Einzelne Teilnehmerinnen meldeten zurück, dass es ihnen prinzipiell sehr schwer falle, auf fremde Menschen zuzugehen. Ganz im Gegensatz zu den Phantasien, die die Mädchen im Vorfeld der Veranstaltung geäußert hatten,[2] waren sie angesichts der konkreten Herausforderung nun aber verängstigt und blockiert.

Bemerkungen der Mädchen zu ihrem Gefühlszustand im Vorfeld waren: *„Scheiß-Gefühl, aufgeregt, peinlich, komisch, ich will anfangen, unwohl, find's cool"*

Die oben angeführten Ängste wirkten sich deutlich auf die Motivation der Teilnehmerinnen aus. Lediglich zwei Teilnehmerinnen starteten mit einem hohen Engagement, bei dem Rest der Gruppe war die Neigung zu beginnen sehr gering.

Als Tribut an die Verunsicherung der Gruppe waren die Teamerinnen während dieser Aktivität für die Teilnehmerinnen sichtbar anwesend, allerdings ohne unterstützend einzugreifen. Als nach ca. 15 Minuten keine Ergebnisse sichtbar waren, kamen alle erneut zusammen, um das Geschehen zu reflektieren. Die Mädchen waren sehr frustriert, die Motivation weiterzumachen war enorm gering. Innerhalb der Reflexion ging es nun darum, jene Faktoren zusammenzutragen, die einen erfolgreichen Verlauf der Aufgabe verhinderten.

Zunächst wurden äußere Faktoren gesammelt, wie zum Beispiel die Auswahl des Standortes: In einer Einkaufsstraße hasten die Menschen in der Regel mit wenig Zeit zu einem festen Ziel. Daher wurde ein neuer Standort gewählt.

Überraschenderweise meldeten die Mädchen auch zurück, dass sie die sichtbare Anwesenheit der Leiterinnen stark irritiert und verunsichert hatte.

Besonders wichtig war aber die Rückmeldung der zwei engagierten Teilnehmerinnen an den Rest der Gruppe. Sie äußerten, dass die anderen keine Personen ansprächen, nur herumstünden und insgesamt keine gute Ausstrahlung besäßen. Außerdem seien keine Schülerinnen für die Passanten da, die bereits angesprochen wurden und sich bereit erklärt hatten, an der Aufgabe mitzuwirken. Mit dieser persönlichen Rückmeldung an die Gruppe wurde ein bedeutsamer Schritt von außen nach innen vollzogen, denn es war der Gruppe von diesem Zeitpunkt an nicht mehr möglich, die Verantwortung für den Misserfolg nur auf äußere Faktoren zurückzuführen.

Konsequenz der Reflexion war, dass mindesten zwei Mädchen nun bei den bereits angesprochenen und versammelten Passanten stehen bleiben und diese unterhalten sollten. Außerdem wurde der Standort verlegt; Ort des Geschehens war nun eine Einkaufsgalerie mit Ruhezonen und Orten zum Sitzen.

Der zweite Anlauf war erfolgreich. Offensichtlich war es allen Teilnehmerinnen gelungen, die Reflexionsergebnisse umzusetzen. Alle berichteten begeistert von dem Engagement der anwesenden Passanten.

„Die waren voll nett, das hätte ich nicht gedacht, dass wir das schaffen."

---

[2] Im Vorfeld der Projektfahrt fand eine Besprechung mit allen Teilnehmerinnen statt, in der ihnen im groben die bevorstehenden Aufgaben vorgestellt wurden. Bei der Beschreibung dieser Aktivität, schlugen einige Mädchen vor, einen Kinderpool aufzustellen und die Passanten aufzufordern, in diesen Pool zu steigen.

Für die Mädchen hatten der Aufgabenverlauf und die aktive Mitwirkung aller Gruppenmitglieder eine weitaus höhere Bedeutung als die korrekte Aufgabenerfüllung. Der Erfolg
wirkte sich sichtlich auf das Selbstwertgefühl der Teilnehmerinnen und das Gruppengefühl
aus. Einzelne Mädchen meldeten zurück, dass sie sich nun bei dem Gedanken, fremde
Menschen anzusprechen, sicherer fühlten. Vor allem aber wurde die Aufgabe als ein Erfolg
der Gruppe und nicht von Einzelnen bewertet. Während vorher Freundinnen miteinander
agierten, ordneten sich im Verlauf der Aufgabe auch nicht befreundete Mädchen einander
zu, um sich gegenseitig zu unterstützen.
Abschließend wurde die Frage, ob diese Erfahrungen im Hinblick auf ihren schulischen und
demnächst beruflichen Alltag von Bedeutung seien, erörtert.

Alle Teilnehmerinnen betonten die sehr hohe Bedeutung dieser Erfahrungen. Schließlich
seien sie in naher Zukunft permanent damit konfrontiert, auf fremde Menschen zuzugehen
und mit ihnen reden zu müssen. Auch würde es, gerade in einem Vorstellungsgespräch,
erforderlich sein, das Gegenüber von sich und dem eigenem Anliegen zu überzeugen.
Nach zunächst großen Anlaufschwierigkeiten steigerte das Gelingen dieser Aufgabe die
Motivation der Gesamtgruppe deutlich.
Die zweite und zugleich letzte Aufgabe für den Tag wurde unmittelbar danach angeleitet.

Eine Blume gegen ein Abendessen

Teilnehmerinnen vor der Aktion

Es wurden drei Kleingruppen gebildet und jedes
Mädchen erhielt eine Plastikblume. Ziel war es, mit
Hilfe dieser Blumen ein Abendessen zu organisieren.
Um den Ernstcharakter der Aufgabe zu verdeutlichen, wurde das Abendessen in der Jugendherberge abbestellt. Außerdem wurden die Geldbeutel
sämtlicher Teilnehmerinnen eingesammelt. Für die
nächsten drei Stunden bedeutete das: Ohne Geld,
ohne Essen, aber mit einer Plastikblume durch Wetzlar zu laufen und sie als Tauschgegen-
stand für Nahrungsmittel zu nutzen. Als Ergebnis sollten die Kleingruppen ein Buffet für alle
zusammentragen.

Um sicher zu stellen, dass ausreichend Lebensmittel vorhanden sein würden, mussten die
Teilnehmerinnen erhaltene Lebensmittel gewinnbringend weiter tauschen. Die Getränke
wurden von den Teamerinnen organisiert.
Alternativ zu der Tauschaktion wurden andere Möglichkeiten zur Beschaffung von Nah-
rungsmitteln erörtert, so zum Beispiel das Anbieten der eigenen Arbeitskraft oder eine
kleine Inszenierung auf öffentlichen Plätzen.

Der zeitliche Rahmen für diese Aktivität betrug drei Stunden. Die Teilnehmerinnen sollten ohne Zeitdruck agieren und alle Möglichkeiten entfalten können. Damit lag es auch in ihrer Verantwortung, den zeitlichen Rahmen zu strukturieren, die Arbeits- und Pausenzeiten selbst zu kalkulieren.

Bereits nach zwei Stunden setzten sich zwei der drei Kleingruppen telefonisch mit den Teamerinnen in Verbindung, um den Zeitpunkt des Zusammentreffens vorzuverlegen. Sie berichteten, dass sie ausreichend Nahrungsmittel getauscht hätten und keine weitere Stunde benötigten. Außerdem sei das Beschluss aller Gruppenmitglieder. So kam es, dass bereits nach zwei Stunden alle im Park zu einem gemeinsamen Picknick zusammentrafen. Dort stellte sich heraus, dass eine Kleingruppe ihre Tauschaktion mittendrin abbrechen musste. Sie befanden sich zum Zeitpunkt des Anrufes ihrer Mitschülerinnen gerade in einer Pizzeria und verhandelten über Pizza im Tausch gegen ihre Arbeitskraft. Telefonisch wurden sie von den anderen beiden Kleingruppen dazu angehalten, das Eintauschen zu beenden und sich zum Treffpunkt zu begeben. Die zwei Mädchen waren sichtlich enttäuscht über das Verhalten der anderen Gruppenmitglieder. Zwar hatten sie ausreichend Nahrungsmittel eingetauscht, doch stellte dieses letzte Tauschgeschäft für sie eine besondere Herausforderung dar. Zum einem weil sie nicht bereits erhaltene Lebensmittel weitertauschen wollten, sondern ihre Arbeitskraft zum Tausch anboten. Außerdem schien der Pizzaverkäufer nicht so leicht zu überzeugen zu sein wie ihre letzten Tauschpartner. Die Verhandlung mit diesem eher skeptischen Verkäufer stellte für die beiden Mädchen eine besondere Herausforderung dar. Durch den Anruf fühlten sie sich gezwungen vor Ablauf der Verhandlung und Erhalt der Pizza abzubrechen.

Die Frustration der beiden Schülerinnen bestimmte zu Beginn des Zusammentreffens die Gruppenatmosphäre. Es war notwendig ihr Raum zu geben, um für den weitern Ablauf des Programms Konsequenzen daraus ziehen zu können und erneute Frustration zu vermeiden. Zukünftig sollten vorgegebene Zeiten im Vorfeld diskutiert und dann eingehalten werden.

Insgesamt erlebten alle Mädchen die Reaktionen der angesprochenen Personen als sehr freundlich und aufgeschlossen.

Die Schülerinnen berichteten, dass die Erinnerung an den Erfolg bei der Polaroid-Aufgabe zum Gelingen dieser Aktivität beigetragen hatte. Sie teilten mit, dass ihnen ihr Anliegen kaum peinlich war. Schließlich wollten sie nichts erbetteln, sondern boten ein akzeptables Tauschgeschäft an. Sie hoben sogar hervor, dass es auf diese Art leicht sei mit anderen Menschen in ein Gespräch zu kommen. Auch seien sie selbstsicherer in der Ansprache von Personen gewesen. In der Regel leiteten sie ihre Bitte mit einem Verweis auf den Hintergrund dieser Aufgabe ein. Sie verwiesen darauf, dass dieses Tauschgeschäft im Rahmen eines Programms zur Förderung berufsrelevanter Fähigkeiten stattfand – eine Einleitung, die während der Polaroid-Aktion nicht benutzt worden war.

Die Aufgabe wurde von den Teilnehmerinnen als ungezwungen und lustig eingestuft:
„Es war so einfach; viel leichter als das mit dem Foto; dass die Leute das so gemacht haben, hat mich gewundert.[3]"
In einem schriftlichen Feedback meldeten alle Mädchen zurück, dass sie die Erfahrungen des Tages als sehr positiv und bedeutsam einschätzten. Sie hatten gelernt, offener auf andere Menschen zuzugehen und ihre eigene Unsicherheit zu überwinden. Die in der Regel positiven Reaktionen der Passanten haben sie darin bestärkt, dass dabei nichts Negatives passieren kann, und dies hat sich offensichtlich positiv auf ihr Selbstbewusstsein und ihre Fähigkeit zu kommunizieren und zu überzeugen ausgewirkt.

Der zweite Tag

Kaffeetrinken am Dom[4]

Nach dem Frühstück folgte die Einweisung in die erste Aufgabe des Tages.
Ziel war es, ein öffentliches Kaffeetrinken zu inszenieren. Hierbei sollte die Gruppe für eine Stunde auf dem Domplatz einen Tisch[5] aufbauen und mindestens zehn Personen dazu motivieren, dort miteinander einen Kaffee zu trinken.
Wichtig dabei war, dass die Menschen untereinander ins Gespräch kommen sollten.
Im Vorfeld der Aktivität verständigten sich die Teilnehmerinnen darauf, wie sie die Personen ansprechen wollten und wer welche Aufgaben übernehmen sollte.
Die Gruppe einigte sich auf folgendes Vorgehen:
Die Passanten sollten begrüßt und höflich eingeladen werden, an dem vorbereiten Tisch einen Kaffee zu trinken. Für eventuelle Rückfragen der Gäste nach dem Hintergrund der Aktion wurde eine einheitliche Antwort formuliert. Als Motiv sollte genannt werden, dass man Menschen, die gestresst durch die Stadt eilen, einladen wolle innezuhalten, in Kontakt mit ihrer Umwelt zu treten und gemütlich einen Kaffee zu trinken: *„Wir wollen Ihnen etwas Gutes tun."[6]*
Um im Anschluss an die Aufgabe den Erfolg bewerten zu können, verständigten sich die Teamerinnen mit der Gruppe auf folgende Kriterien:

- Es müssen sich mindestens 10 Menschen setzen
- Die Personen sollen untereinander ins Gespräch kommen
- Die Mädchen möchten in die Gespräche integriert werden

---

[3] Zitat einer Teilnehmerin.
[4] Der Dom ist der zentrale Platz Wetzlars.
[5] Eine Bierzeltgarnitur, Dekorationsmaterial und Kaffee wurden von den Teamerinnen im Vorfeld organisiert und standen den Mädchen zur Verfügung.
[6] Zitat einer Teilnehmerin im Vorfeld der Aktion.

Am Domplatz angekommen, unterstützten die Teamerinnen die Gruppe beim Aufbau des Tisches, um sie anschließend sich selbst zu überlassen. Ebenso wie bei anderen Aufgaben blieben sie (unsichtbar) in der Nähe, um bei unvorhersehbaren Schwierigkeiten schnell eingreifen zu können.

Der Verlauf des Kaffeetrinkens gestaltete sich zunächst sehr zäh. Die Teilnehmerinnen standen verunsichert um den Tisch. Nur Einzelne sprachen Passanten an und erhielten Absagen. Nach 30 Minuten war die Stimmung in der Gruppe sehr gereizt, *„da haben wir uns fünf Minuten ganz schön angezickt."*

Im Nachhinein betrachtet zeigen sich die Parallelen zu dem Beginn der Polaroid-Aufgabe: Nur wenige, engagierte Mädchen gingen auf Passanten zu. Es schien so, als sei es den anderen Teilnehmerinnen nicht gelungen, die Erfahrungen des Vortages zu übertragen. Sie beschrieben erneut ein Gefühl der Peinlichkeit und berichteten von Hemmungen. Zum Teil meldeten sie zurück, sie seien müde und deshalb unmotiviert. Außerdem hatten die bisher angesprochenen Passanten eher mit Skepsis reagiert. Dadurch wurden die Zweifel der Teilnehmerinnen gegenüber ihrem eigenen Anliegen bestärkt.

Anders als am Vortag, wurde die Situation aber von der Gruppe selbst erkannt und thematisiert. Die aktiven Mädchen gaben den anderen ein unmittelbares Feedback und beschwerten sich über deren mangelndes Engagement. Dabei ließen sie wenig Empathie für die Beweggründe ihrer Mitschülerinnen erkennen. Nach dieser Streitphase ließ sich von außen beobachten, dass die kritisierten Schülerinnen nun deutlich stärker in das Geschehen eingriffen – ob aus Trotz oder innerer Überzeugung, war nicht eindeutig zu erkennen.

In der Reflexion im Anschluss an die Aktivität konnte die Gruppe diese Entwicklung in der Dynamik des Geschehens nicht für sich erschließen. Sie führte den letztlich erfolgreichen Verlauf eher auf erste positive Reaktionen von Passanten zurück; dies habe ihre Motivation gesteigert.

Doch selbst wenn eher externe Faktoren als Auslöser für ein positives Ergebnis verantwortlich gemacht wurden, blieb noch genügend Interpretationsspielraum, um die eigenen Leistungen zu würdigen – hatten sich doch innerhalb von zwei Stunden insgesamt über 30 Passanten, junge und alte Menschen unterschiedlicher Nationalitäten am Kaffeetisch versammelt und miteinander geplaudert.

Alle Mädchen waren gelöst und begeistert, redeten durcheinander. Die Tatsache, dass Menschen, denen sie es nie zugetraut hätten, am Tisch Platz nahmen und Kaffee aus Plastikbechern tranken, beeindruckte die Mädchen besonders.

„Da waren zwei schicke Frauen, die eher so aussahen, als trinken sie in einem noblen Café ihren Kaffee und dann sitzen die hier auf einer Holzbank und trinken Kaffee aus Plastikbechern, hätte ich nie gedacht."[7]

---

[7] Wörtliche Rückmeldung einer Teilnehmerin während der Reflexion.

Kaffee trinken

Die im Vorfeld gesammelten Kriterien für einen erfolgreichen Verlauf der Aufgabe wurden alle erfüllt. Die Mädchen fühlten sich von den Gästen akzeptiert und freuten sich sichtlich über die Anerkennung, die sie durch die Kaffeegäste erhalten hatten.

Darüber hinaus erlebten sie die Gespräche der Personen am Tisch als sehr vertraut. *„Da sitzen Leute, die sich noch nie gesehen haben, und reden, als ob sie sich schon 20 Jahre kennen."*[8]

Der positive Verlauf der Kommunikation am Tisch entwickelte sich aufgrund der Aufgeschlossenheit der Gäste. Ältere Menschen berichteten über ihr Leben, Bewohner Wetzlars gaben Touristen Besichtigungstipps.

Diese Aktivität hat einmal mehr gezeigt, dass die Motivation und das Engagement der Teilnehmerinnen sehr vom Erfolg der jeweiligen Aufgabe und den Reaktionen der Angesprochen abhingen. Ein unglücklicher Verlauf oder Absagen durch Passanten lösten Frustration bei den Mädchen aus. Sie verfügten offensichtlich nicht über genügend Selbstbewusstsein und Überzeugung von der Richtigkeit ihres Handelns, um Absagen gelassen entgegenzutreten. Trotzdem gelang es ihnen letztlich, ihre Irritationen zu überwinden und weiterhin an einem erfolgreichen Verlauf der Aufgabe zu arbeiten.
Übertragen auf den Berufsalltag ist dies eine wichtige Grundvoraussetzung für die Bewältigung der Anforderungen im Arbeitsleben. Im Hinblick auf die einleitend geschilderte Situation von Ausbildungsplatz suchenden Jugendlichen sind der kompetente Umgang mit und die Überwindung von Frustration sicherlich grundlegende Qualifikationen. Die mangelnde Zahl an Ausbildungsplätzen, die gestiegenen Zugangsvoraussetzungen für Ausbildungsstellen, die erhöhten schulischen Anforderungen und das Nicht-vorhanden-Sein linearer Erwerbskarrieren sind Rahmenbedingungen, die für unsere Zielgruppe zwangsläufig Frustrationen implizieren. Programme zur Förderung alltags- und berufsrelevanter Fähigkeiten sind verpflichtet, auf diese Schwierigkeiten hinzuweisen und auf den Umgang mit ihnen vorzubereiten. Gerade in dem schwierigen Verlauf von Aktivitäten und in der Erfahrung und Überwindung von Frustration liegen die Lernchancen dieser Programme.

---

[8] Wörtliche Rückmeldung einer Teilnehmerin während der Reflexion.

Erleichternd für den Transfer der dabei gewonnenen Erkenntnisse auf bevorstehenden Bewährungssituationen ist für die Schulabgänger dabei die Isomorphie der Aufgaben aus dem Programm zu den Herausforderungen der Arbeitswelt. In dieser strukturellen Ähnlichkeit von inszeniertem Lernfeld und realen Gegebenheiten liegt eine besondere Qualität des City Bound-Ansatzes.

Das Traumhaus

Im weiteren Verlauf des Tages hatte die Gruppe den Auftrag, in einem vorgegebenen Stadtgebiet ihr Traumhaus zu finden und zu fotografieren. Dann sollten Interviews mit den dort lebenden Personen zur Wohnsituation in diesem Haus geführt werden und nach Möglichkeit eine Besichtigung stattfinden.

Für diese Aufgabe bildeten sich drei Gruppen à zwei bzw. drei Personen. Im Vorfeld wurden einige Fragen vorbereitet:

- Leben Sie gerne hier? Bitte begründen Sie Ihre Antwort kurz.
- Wie lange leben Sie schon hier?
- Wie viele Räume hat das Haus?
- Was schätzen Sie besonders an diesem Haus?
- Gibt es kleine Macken?
- Ist das Ihr Traumhaus?

Diese sicherlich sehr differenzierte Aufgabe stellte hohe Anforderungen an die Teilnehmerinnen – insbesondere weil es erforderlich war, einen Wechsel von Öffentlichkeit zu Privatsphäre zu vollziehen und einen Grad von Vertraulichkeit herzustellen, der einer spontanen Begegnung normalerweise nicht innewohnt.

Bei dieser Aktivität war es für die Mädchen sehr wichtig, ihr Gegenüber von ihrem Anliegen zu überzeugen. Da es bei der Suche nach dem eigenen Traumhaus um eine sehr individuelle Entscheidung ging und das „Objekt der Begierde" nicht beliebig austauschbar war, würde eine Absage durch die Bewohner mit großer Wahrscheinlichkeit das Scheitern der Aufgabe beinhalten. In diesem Fall läge die Lernchance allenfalls in dem konstruktiven Umgang mit dieser Frustration.
Den Schülerinnen war dieser Druck durchaus bewusst. Es war wichtig, freundlich aufzutreten, kompetent zu argumentieren und das Vertrauen der Hausbewohner zu gewinnen. Dies alles sind Faktoren, die auch den Verlauf eines Vorstellungsgespräches maßgeblich beeinflussen. Und hier wie dort sind die Jugendlichen einem starkem Druck ausgesetzt, dem sie standhalten müssen. Gemeinsam mit den Teamerinnen erörterten die Mädchen diese Thematik und entwickelten Strategien, um den antizipierten Hindernissen adäquat begegnen zu können.

Alle Kleingruppen kamen mit Fotos und Ergebnissen zurück. Der hohe Ermüdungsgrad der Mädchen zeigte deutlich die mit dieser Aktivität verbundenen physischen und psychischen Belastungen.

Nur eine Gruppe wagte tatsächlich den Schritt, an einer Haustür zu klingeln und ihr Anliegen vorzubringen. Diese Gruppe wurde sowohl durch das Haus als auch in den angrenzenden Garten geführt. Die beiden anderen Gruppen hatten Objekte gewählt, bei denen sich Menschen im Garten oder im Hof aufhielten. Dies erleichterte es, mit den Bewohnern ihres Traumhauses in Kontakt zu treten.

Im Gegensatz zu unseren Erfahrungen mit dieser Aktivität im Rahmen anderer Fortbildungsveranstaltungen dauerte kein Gespräch länger als zehn Minuten, die Mädchen beschränkten sich auf die Erörterung der vorab formulierten Fragen: *„Wir haben schnell die Fragen gestellt und dann nix wie weg."*

Obwohl sie nach eigenen Aussagen die Aufgabe zunächst als *„locker und machbar"* einschätzen, berichteten alle Kleingruppen von großer Aufregung und feuchten Händen, bevor sie sich dem Haus oder gar der Klingel näherten. Offensichtlich spürten sie, dass ihnen nun eine kommunikative Situation bevorstand, die in ihrem Grad an Verbindlichkeit die vorangegangenen Aktivitäten weit überstieg. In einer Fußgängerzone haben Begegnungen im wahrsten Sinne des Wortes einen flüchtigen Charakter, sie erfahren keine räumliche Begrenzung und lassen ggf. eine „Flucht" der Akteure zu. An der Grenze zwischen Öffentlichkeit und Intimität stellt sich dies anders dar: Hier bleibt den Akteuren weniger Spielraum; einer ist mit dem Makel des Eindringlings behaftet, der andere läuft Gefahr, sein Gegenüber zu brüskieren, wenn er in Ruhe gelassen werden will.

Für die Auswertung dieses Tages wurde eine ausführliche, zunächst nonverbale, Methode in Form eines Stationslaufes mit Wandzeitungen durchgeführt. Die Auswertung sollte verschiedene Ebenen des Programms berücksichtigen. Die erste Fragestellung bezog sich auf den Aufbau des Programms. Mit Hilfe eines Punktediagramms sollten die Lernerfolge der jeweiligen Aufgaben ermittelt werden.

Die Jugendlichen sollten auf einer Skala von 1–10 die Bedeutung der jeweiligen Aktivitäten für die Bewältigung der im weiteren Verlauf gestellten Aufgaben festhalten.[9] Für die Items „Orientierungsaufgaben mit dem Stadtplan" und „Gruppenbild und Eintausch der Blume" sollten die Teilnehmerinnen eine Bewertung von 1–10 Punkten vornehmen.

Ein Punkt stellt die unterste Grenze der Bewertung dar, also die Einstufung des jeweiligen Items als nicht bedeutsam. 10 Punkte hingegen ordneten die jeweilige Aufgabe als sehr hilfreich ein.

---

[9] Auf einer Längsachse gibt es die Punkte eins bis zehn und auf der Querachse befinden sich die drei genannten Items.

Die Werte der jeweiligen Items lagen überwiegend im Bereich von neun und zehn Punkten, wurden also sehr hilfreich zur Bewältigung der neuen Aufgaben eingestuft. Lediglich die Fotoaktion wurde von zwei Teilnehmerinnen als wenig hilfreich (drei und vier Punkte) bewertet.

Die Bedeutung der Gruppe und ihrer Dynamik fand auf der zweiten Wandzeitung Berücksichtigung. Im Verlauf des Programms hatten sich immer wieder kleinere Konflikte abgezeichnet. So zum Beispiel hatten einige Teilnehmerinnen ihr Engagement höher erlebt als das der anderen Gruppenmitglieder (vgl. Kaffeetrinken und Blumentausch). Auch waren Teilnehmerinnen vereinzelt dazu aufgefordert worden, in Kleingruppen mit nicht selbst ausgewählten Partnerinnen zu agieren.

Die Fragestellung: „Was möchtet ihr der Gruppe sagen?" war sehr offen gehalten, um die Antworten der Teilnehmerinnen nicht zu beeinflussen. Alle Teilnehmerinnen schätzten die Gruppenatmosphäre als sehr angenehm und hilfreich zur Bewältigung der Aufgaben ein. Auch die Arbeitsfähigkeit der Gruppe wurde positiv hervorgehoben. Aus den Rückmeldungen ging hervor, dass alle Teilnehmerinnen durch die Gruppe einen gewissen Schutz und Rückhalt erfuhren.

Die dritte, zugleich letzte Fragestellung, zielte auf die subjektiven Wahrnehmungen und Empfindungen der Teilnehmerinnen ab. Während die Reflexionen unmittelbar nach den Aktivitäten offen gehalten worden waren und Raum für die mit der jeweiligen Aktion verknüpften Empfindungen und Transferüberlegungen geboten hatten, sollte an dieser Stelle gezielt auf die individuellen Erfahrungen, auf Gefühle und Gedanken zum Verlauf des gesamten Tages eingegangen werden.

Im Wesentlichen bezogen sich die Rückmeldungen der Teilnehmerinnen erneut darauf, welch hohe Bedeutung es für sie hatte, fremde Menschen anzusprechen. Vor allem das Kaffeetrinken spielte in ihren Rückmeldungen eine wichtige Rolle. Darüber hinaus zeichnete sich deutlich ab, dass dieser Tag von vielen Mädchen als sehr anstrengend eingestuft wurde.

Die Einzelaufgabe

Bevor die Mädchen jedoch in die Freizeit entlassen wurden, stimmten die Teamerinnen sie auf das Programm des nächsten Tages ein, die Einzelaufgabe. Einzelaufgabe bedeutet, sich eigenständig und alleine einer selbstgewählten Herausforderung zu stellen.

Damit die Planung und Durchführung auf dem soliden Fundament vorangegangener Erfahrungen ruht, findet die Einzelaufgabe in der Regel am Ende einer Veranstaltung statt.[10] Dabei hängt es vom jeweiligem Programm(verlauf) und der Leitung ab, ob die Aktivitäten von den Teilnehmern selbstständig gewählt oder ob ihnen Vorschläge unterbreitet werden.

---

[10] Vgl. Homepage www.cityboundberlin.de

Innerhalb des hier dokumentierten Programms sollte mit den Jugendlichen der Versuch unternommen werden, dass diese ihre Einzelaufgabe selbst bestimmen und gestalten. Angeleitet wurde die Aufgabe mit der Aufforderung an alle Teilnehmerinnen, sich etwas zu überlegen, was sie schon immer tun wollten, aber auf Grund von Hemmschwellen nie getan haben. Ergänzend gab es den Hinweis, dass es sich um legale Aktionen handeln müsse, die niemandem Schaden zufügten.

Zur Illustration wurden einige Beispiele vorgestellt: Singen auf dem Marktplatz, kleine Theaterimprovisationen, öffentliches Vorlesen, Autoscheiben an einer roten Ampel waschen etc.

Diese Aufgabenstellung führte zu großen Verunsicherungen bei den Teilnehmerinnen, vor allem weil sie alleine bewältigt werden sollte. Einzelne Teilnehmerinnen hatten zwar gute Ideen, scheiterten aber an dem Punkt, an dem ihnen bewusst wurde, dass sie ihre Ideen am nächsten Tag tatsächlich völlig eigenständig umsetzen sollten. Ängste die eher zu Beginn des Programms erkennbar waren, traten nun wieder in den Vordergrund. Eine Teilnehmerin zweifelte plötzlich an ihrer – bisher durchaus unter Beweis gestellten – Fähigkeit, sich selbstständig orientieren zu können: Sie hatte Angst, den für die Auswertung vereinbarten Treffpunkt nicht zu finden. Andere Mädchen wiesen darauf hin, dass ihnen ihre Ideen peinlich seien und dass sie gar nicht wüssten, wie sie auf die Leute zugehen sollten. Sie wüssten nicht, was sie sagen sollten. Und zwei Mädchen meldeten zurück, sie hätten keinerlei Idee. Sie verstanden die Aufgabe so, als ginge es darum etwas Besonderes, Ausgefallenes zu inszenieren. Ihre eigenen Ideen hingegen kamen ihnen banal vor.

Den Teilnehmerinnen bestand zweifelsohne eine aufgewühlte Nacht bevor. Zu diesem Zeitpunkt stellte sich den Teamerinnen ernsthaft die Frage, inwieweit es zweckmäßig war, die bevorstehende Aktivität schon jetzt anzukündigen. Mit der Vorabinformation sollte den Mädchen ausreichend Zeit zur Entwicklung von kreativen Ideen gegeben werden. Darüber hinaus sollten sie genügend Gelegenheit haben, sich miteinander über die jeweiligen Vorhaben auszutauschen und Ideen gemeinsam weiterzuentwickeln. Tatsächlich war es jedoch so, dass die Mädchen ihr Wissen um die Anforderungen des nächsten Tages nicht in Sicherheit versprechende Handlungsstrategien umsetzen konnten – ihre überraschend großen Ängste dominierten das Geschehen.

Um diesen Druck zu reduzieren, wurde erneut die Freiwilligkeit der Aktivität betont.

Als letzten Versuch, die Gruppe positiv auf den kommenden Tag einzustimmen, sammelten wir gemeinsam Gründe, warum es sinnvoll sein könnte, eine Aufgabe ohne die unterstützende Präsenz anderer zu bewältigen. Zwar erkannten die Mädchen den offensichtlichen Bezug der Aufgabenstellung zum Alltag, aber die Aussicht darauf, am nächsten Tag alleine zu agieren, schreckte sie nach wie vor sehr. Da sich keine eindeutige Lösung abzeichnete, kamen die Teamerinnen mit der Gruppe überein, die Idee über Nacht ruhen zu lassen und alternativ die Möglichkeit zu eröffnen, eine Aufgabe zu zweit zu bewältigen.

Der 3. Tag

An diesem Morgen war die Gruppe hinsichtlich ihrer Motivation sehr gespalten. Vier Mädchen hatten kreative Ideen und waren bereit, sie umzusetzen; der Rest der Gruppe war sich noch nicht sicher, ob er sich auf die Einzelaufgabe überhaupt einlassen würde und zeigte weiterhin die am Vorabend aufgetretene Unsicherheit.

Zur Motivation beschlossen wir, die Ideen und die positive Erwartungshaltung der handlungsbereiten Mädchen den anderen zugänglich zu machen. Dabei stellten sie unter anderem folgende Aktivitäten vor:

- Im Dom schlafen
- Verkleidet als Hexe durch die Stadt laufen
- Eine halbe Stunde Schaufensterpuppe spielen

Wie erhofft, amüsierten diese Vorschläge auch die anderen Teilnehmerinnen und lockerten die Atmosphäre sichtlich auf. Recht schnell entwickelte sich ein Gespräch über die Vorgehensweise innerhalb der einzelnen Aufgaben. Die Gruppe stellte hilfreiche Rückfragen und brachte eigene Ideen zur Gestaltung der genannten Aufgaben mit ein. Die jeweiligen Einzelaufgaben wurden durchaus auch kritisch hinterfragt: Wo zum Beispiel liegt das Besondere bei der Aufgabe, im Dom zu schlafen? Konfrontiert mit dieser Frage realisierte die betroffene Teilnehmerin, dass dieses Vorhaben keine sehr hohe Herausforderung für sie darstellen würde, sie aber von dem Gedanken fasziniert sei, an einem Ort zu schlafen, an dem das nicht üblich ist. Außerdem biete diese Aufgabe für sie die Möglichkeit, an der Aktivität mitzuwirken, ohne erneut große Ängste überwinden zu müssen.

Die Stadthexe

Auch die Aufgabe, als Hexe verkleidet umher zu laufen, erschien zunächst wenig herausfordernd. Aufgewertet wurde sie allerdings durch die Tatsache, dass es sich um das Vorhaben einer Schülerin handelte, die es als sehr stille, zurückhaltende Person bislang vermieden hatte im Mittelpunkt zu stehen. Sie war es auch, die im Vorfeld geäußert hatte, dass sie Angst hätte, die Orientierung zu verlieren.

Großen Anklang fand die Idee mit der Schaufensterpuppe. Diese Teilnehmerin verfügte über ein hohes Maß an Selbstbewusstsein und Aufgeschlossenheit. In der Gruppe wurde sie von allen liebevoll als ein wenig überdreht und „verrückt" eingeschätzt. Trotzdem hatte sie einen gefestigten Stand und wurde in der Regel von allen akzeptiert. Sie erklärte, dass der Gedanke, in einem Schaufenster zu stehen, sie schon lange reize. (Aus Sicht der Teamerinnen ging es ihr dabei nicht einmal unterschwellig darum, sich als Sexualobjekt zur Schau zu stellen. Das Mädchen entsprach kaum dem von Schaufensterpuppen vorgegebenen Schönheitsideal, sondern bestach eher durch Ausstrahlung und Humor und hatte offensichtlich Spaß bei dem Gedanken an diese Camouflage.)

Der Austausch über die jeweiligen Vorhaben entspannte die Situation sichtlich und führte dazu, dass die Gruppe sich insgesamt dafür verantwortlich fühlte, dass sie realisiert werden konnten. Darüber hinaus wurden die Mädchen, die bislang keine Ideen gehabt hatten, gewissermaßen zu „Opfern" der Aufbruchsstimmung und entwickelten nun den Ehrgeiz, auch etwas zu machen. Die einen wollten in der Stadt einen möglichst großen Turm aus Zuckerwürfeln bauen, die anderen mit einem Absperrband durch die Fußgängerzone laufen und die Passanten auffordern, sich an einer Aktion der Sportjugend zu beteiligen und möglichst oft über das Hindernis zu springen. Auch wenn sie sich nicht trauten, ihre Vorstellungen alleine umzusetzen, war es nun gelungen, sie wieder in den Prozess zu integrieren. Der Zuckerturm sollte von zwei befreundeten Mädchen an einem kleinen öffentlichen Platz in der Innenstadt errichtet werden. Die beiden, die sich dieser Aufgabe widmen wollten, hatten lange keine Entscheidung finden können und letztlich die Idee einer Mitschülerin aufgegriffen. Bei entsprechender Ortswahl ließe sich auch der Bau des Zuckerturms mit einem vergleichsweise geringen Risiko bewerkstelligen.

Gewagter war die Absicht, mit einem Absperrband in der Hand die Fußgängerzone zu durchqueren. Mit dieser Aktion war eine Provokation verbunden – zumal die beiden Mädchen vorhatten, das Terrain so zu präparieren, dass die Passanten zwangsläufig das Band übersteigen mussten, wenn sie ihren Weg fortsetzen wollten.

Mit dieser Idee begaben sich die beiden Teilnehmerinnen in den Methodenbereich der „konstruierten Wirklichkeiten"[11]. Sie entschieden sich, auf Nachfragen mit einer frei erfundenen Geschichte zu reagieren: Sie seien von der Sportjugend Hessen und im Rahmen der Aktion „Bewegte Stadt" unterwegs. Ihr Beitrag dazu bestehe darin, spontane Bewegungsanlässe im Alltag der Menschen zu schaffen. Die Tatsache, dass die Sportjugend Hessen in Wetzlar eine recht bekannte Bildungseinrichtung unterhält, verlieh diesem Schwindel eine gewisse Glaubwürdigkeit.

Die beiden Teilnehmerinnen waren sich bewusst, dass ihre Aktion provokant sei und Erklärungen von ihnen verlangen würde, aber gerade in der glaubwürdigen Vermittlung ihrer Story lag Herausforderung für sie. Bereits an den anderen Tagen hatten sie sich mehrfach bemüht, das Anforderungsprofil der Aufgaben auszureizen.

Die beiden Zuckerturmbauerinnen wählten einen kaum einsehbaren Ort aus, was sie weitgehend vor Reaktionen von Passanten schützte. Kaum jemand nahm den Zuckerturm und seine Erbauerinnen am Rand des Platzes wahr. Die Mädchen erlebten ihre Tätigkeit als eher überflüssig. Zwar hätten sie sich zu Beginn des Workshops eine derartige Aktion nicht zugetraut, aber insgesamt sei sie eher langweilig gewesen.

Innerhalb der Reflexion gelang es, den beiden den Zusammenhang zwischen ihrer Standortwahl und den Reaktionen der Passanten zu verdeutlichen. Sie erkannten, dass durch die selbstgewählten Rahmenbedingungen die Erlebnisintensität der Aktivität bereits im Vorfeld limitiert wurde: Wer nicht auffallen will, fällt nicht auf.

Auch das Schlafen im Dom stellte keine größere Herausforderung dar, sondern diente primär dem Zweck, an der Aktivität teilzunehmen. Die betreffende Teilnehmerin war allerdings trotzdem mit dem Verlauf zufrieden. Sie war sichtlich stolz darauf, sich alleine zurechtgefunden zu haben – und für dreißig Minuten alleine in einer Kirche gesessen bzw. gelegen zu haben, war für sie ein echtes Erlebnis. Die beiden Mädchen, die sich vorgenommen hatten,

---

[11] Mit dem Begriff der „konstruierten Wirklichkeiten" wird die gezielte Organisation und Inszenierung von fakes bezeichnet. Diese sollen z. B. in Form eines Events so überzeugend in der Öffentlichkeit präsentiert werden, dass sie für die jeweiligen Adressaten bzw. Betrachter zur Wirklichkeit werden. Eine zentrale Erfahrung für die Akteure ist dabei, dass sich Realität gestalten lässt und nicht etwas ist, dem sie einflusslos ausgesetzt sind.
Die Story Dealer AG in Berlin veranstaltete beispielsweise die „zweite Weltmeisterschaft im Aal-Kanalfischen." Sämtliche Mitwirkende der Meisterschaft waren Kursteilnehmer; sie präsentierten der staunenden Öffentlichkeit Fische, die von in der Kanalisation verborgenen Helfern an die Angelhaken gehängt worden waren.
Presse und Fernsehen wurden im Vorfeld mit konstruierten Informationen versorgt und berichteten bereitwillig über das ihrer Meinung nach reale Ereignis.
(vgl.: Hans Geißlinger, a. a. O.)

ihren Mitmenschen mit Hilfe eines Absperrbandes auf die Sprünge zu helfen, hatten die Passanten größtenteils als sehr abweisend erleben müssen. Diese Resonanz hatte die zwei Mädchen anfangs sehr verunsichert; dennoch haben sie nicht aufgegeben, sondern versucht, ihr Vorhaben in einer modifizierten Form zu realisieren. Im weiteren Verlauf offerierten die Mädchen den Passanten ihr Angebot, ohne ihnen dabei den Weg zu versperren. Nun gestalteten sich die Kontakte eher freundlich; etliche Menschen ließen sich auf die Aktivität ein und stiegen oder sprangen über das Absperrband.

Allerdings trug auch diese positive Wendung nicht mehr dazu bei, die Stimmung der beiden Teilnehmerinnen wesentlich zu heben. Sie hatten Durchhaltevermögen und Kreativität bewiesen, aber die Freude darüber wurde sichtlich überlagert von der Enttäuschung über die starke Abwehrhaltung der angesprochenen Personen. Im Vorfeld der Aktivität waren sie von einem erfolgreichen Verlauf ausgegangen, denn sie hatten die Wetzlarer Bevölkerung in den vergangenen Tagen als ausgesprochen aufgeschlossen erlebt.

Außerdem bekannte eines der beiden Mädchen, dass es lieber eine individuelle Aufgabe durchgeführt hätte – auch wenn sie keine rechte Idee gehabt hätte. Für sie stellte die Teamarbeit einen Kompromiss dar, den sie ihrer verunsicherten Mitschülerin zuliebe eingegangen war. Dennoch konnte sie der Situation einen Lernertrag abgewinnen: Für sie war

klar geworden, dass sie in vergleichbaren Situationen darauf beharren müsste, ihre eigenen Bedürfnisse in den Entscheidungsprozess mit einzubringen.

Die beiden Mädchen hingegen, die sich – neben der „Domschläferin" – eine individuelle Aufgabe ausgewählt hatten, waren begeistert und stolz auf ihre Leistungen. *„Mein Solo als Schaufensterpuppe war supergeil!"*[12]

Im Schaufenster

---

[12] Wörtliche Rückmeldung während der Reflexion.

Diese Einzelaufgabe war in den Augen aller sicherlich der Höhepunkt des Tages. Die Teilnehmerin hatte sie mit großem Erfolg durchgeführt und beschrieb während der Reflexion,
dass sie sich einen Traum erfüllt hätte. Sie beschrieb ihre Erlebnisse sehr eindrücklich und
berichtete von vielen positiven Empfindungen und Reaktionen. Als Fazit formulierte sie die
Erkenntnis, dass es sich lohne Mut aufzubringen für eine Sache, die einem am Herzen liegt.

Die „Hexe" schilderte ihren Gang durch die Stadt als eine interessante Erfahrung, die sie
aber nicht noch einmal machen müsse. Sie hatte den Eindruck, mehr Klarheit darüber ge-
wonnen zu haben, welche Rollen ihr liegen und welche ihrem Wesen weniger entsprächen.
Dabei war für sie die Erkenntnis, dass eine exponierte Position ihr eher Unbehagen bereitet,
weniger von defizitären Gefühlen begleitet als von dem Eindruck neu gewonnenen Selbst-
bewusstseins. Stolz war sie darauf, dass sie es entgegen aller Befürchtungen geschafft
hatte, ohne Hilfe ihren Einsatzort und anschließend den vereinbarten Treffpunkt zu erreichen.

Zentrale Lernerfolge sahen die Teilnehmerinnen im Bereich von der Kommunikationsfähigkeit, der Ausdauer und Enttäuschungsfestigkeit. Auch sei ihre Zuversicht angesichts
schwierig erscheinender Aufgaben gewachsen, da sie im Laufe des Programms immer wieder mit Herausforderungen konfrontiert worden seien, von denen sie geglaubt hätten, dass
sie nicht zu bewältigen seien.

Darüber hinaus wurde die Bedeutung des eigenen Auftretens erwähnt. Fast alle Mädchen
hatten die Erfahrung gemacht, dass eine positive Ausstrahlung und ein offenes, höfliches
Auftreten sehr gewinnbringend sein konnten. Zudem hatten sie ein Gefühl dafür entwickelt,
dass Kommunikation in Abhängigkeit von der jeweiligen Situation und den Adressaten variabel gestaltet werden muss.

Für einige Teilnehmerinnen war es ein großer Erfolg, dass sie nun im Stande waren, sich in
einer fremden Umgebung mit Hilfe von Stadt- und Fahrplänen selbstständig zu bewegen.
Sie sahen darin die Chance, ihre Arbeitsplatzsuche über den eigenen Wohnort hinaus aus-
dehnen zu können.

Den Teamerinnen war bewusst, dass sie mit der Durchführung dieser Aktivität an die
Grenzen dessen gegangen waren, was von den Teilnehmerinnen leistbar war.
Prinzipiell muss die Entscheidung, eine Einzelaufgabe in das Programm aufzunehmen, vor
dem Hintergrund des jeweiligen Verlaufs (und auch aus rechtlichen Aspekten [13]) sehr sorg-
fältig erwogen werden.

---

[13] Je nach Alter der TeilnehmerInnen und institutioneller Verankerung des Programms ist die schriftliche
Einverständniserklärung der Erziehungsberechtigten, dass die TeilnehmerInnen sich nach Absprache auch
alleine in klar definierten Stadtgebieten bewegen dürfen, zwingend erforderlich.

Fazit

Die Struktur des Programms hat sich bewährt. Die schrittweise Reduktion der Gruppengröße von der Gesamt- über die Kleingruppe zum Individuum und eine sukzessive Steigerung der Anforderungen boten stets die Chance, den nächsten Schritt zu wagen. Dass sich die Teilnehmerinnen dabei ständig mit neuen Herausforderungen konfrontiert sahen, war beabsichtigt – Lernen vollzieht sich an Widerständen und nicht an der Realisierung von bereits Gekonntem.

Bot anfangs die Gesamtgruppe den Extrovertierten eine Bühne und den Zurückhaltenderen Schutz und Anregung, so wurde es im weiteren Verlauf unabdingbar, seine eigenen Möglichkeiten und Grenzen zu reflektieren und in angemessene Handlungsentwürfe umzusetzen.

Die schrittweise Delegation von Verantwortung über den Verlauf des Programms an die Gruppe war Bestandteil der Methode. Für die Leitung impliziert dies weniger Möglichkeiten zur kleinschrittigen Begleitung und letztlich einen partiellen Verlust an Kontrolle. Den Teilnehmerinnen eröffnete dieser methodische Ansatz – neben der sicherlich wichtigen Botschaft, dass man ihnen etwas zutraut – die Möglichkeit, sich mit den jeweiligen Aufgaben und dem damit einhergehenden Erfolg bzw. Misserfolg zu identifizieren.

Der Anspruch, alltags- und berufsrelevante Fähigkeiten zu fördern, ist sicher weitgehend erfüllt worden. Manches ist anders verlaufen als geplant, aber das gehört zum Wesen von City Bound-Programmen, denn die Stadt ist ebenso lebendig, vielfältig und für Überraschungen gut wie die Teilnehmer.

Die Jugendlichen, die an dem hier dokumentierten Programm teilgenommen haben, konnten lernen, dass sie **anstatt** ihrer bisherigen, eher defensiven Verhaltensmuster auch die Option haben, aktiv in das Geschehen einzugreifen. Sie haben gemerkt, dass es möglich ist, sich in einer Umgebung zu bewegen, die sie vorher als „Terra incognita" gemieden hätten. Sie haben erfahren, dass es schwierig, aber möglich ist, auf fremde Menschen zuzugehen und sie von einem eigenen Anliegen zu überzeugen. Sie haben Strategien entwickelt, mit Frustrationen umzugehen oder aus den Misserfolgen ihrer Mitschülerinnen ihre Schlüsse gezogen. Sie besitzen klare Vorstellungen über die Notwendigkeit dieser „soft skills" im Berufsleben und sind damit besser gewappnet für den schwierigen Übergang von der Schule in die Arbeitswelt.

Susanne Kaiser

*Jahrgang 1972,
ist von Beruf Diplom-Pädagogin mit einer Zusatzausbildung als
Erlebnispädagogin.
Sie arbeitet beim Verein zur Förderung bewegungs- und sportorientierter Jugendsozialarbeit (bsj e.V.) in Marburg. Derzeitig ist sie dort
innerhalb des Projektes „Lebensweltbezogene Schulsozialarbeit"
beschäftigt.
Ihre Arbeitsschwerpunkte sind:
Kooperation Jugendhilfe-Schule; Arbeit mit Migranten und Aussiedlern
und Interkulturelle Mädchenarbeit.
Ihre Praxisschwerpunkte sind:
City Bound, Adventure Based Counseling und Outdoor Programme
z.B. im Bereich Klettern und Orientierung.*

Roland Wolf

*Jahrgang 1958,
ist Lehrer an einer beruflichen Schule und hat eine erlebnispädagogi-
sche Zusatzausbildung.
Sein Arbeitsschwerpunkt liegt im „Programm zur Eingliederung in die
Berufs- und Arbeitswelt (EIBE)", einer hessenweiten schulischen
Fördermaßnahme für Jugendliche, die von Arbeitslosigkeit bedroht
sind.
Er war federführend an der Integration erlebnispädagogischer
Komplementärangebote in das EIBE-Konzept beteiligt und betreut im
Auftrag des Hessischen Kultusministeriums zusammen mit Susanne
Kaiser entsprechende Fortbildungsveranstaltungen.*

Maya Kandler, Barbara Deubzer

3.4   City Bound
an der Uni

Erfahrungen aus einem Pilot-
Projekt an der Ludwig-Maximilians-
Universität München

Einleitung

Im Wintersemester 1999/2000 fand City Bound in München erstmals Eingang in die univer-
sitäre Ausbildung von PädagogInnen. Am Institut für Pädagogik der Ludwig-Maximilians-
Universität München werden für Studierende im Hauptfach Pädagogik (Magister) bereits
seit 1992 jeweils im Sommersemester erfolgreich Erlebnispädagogik-Seminare mit dem
Schwerpunkt Outward Bound durchgeführt. Seit Sommer 1999 werden solche Seminare
von den Autorinnen auch für Studierende aller Lehrämter angeboten. Aufgrund der großen
Resonanz organisierten wir zusätzlich in den Wintersemestern eine neues erlebnispädagogisches Seminar-Angebot mit dem Titel „Erlebnispädagogik in der Stadt – City Bound".

Diese Proseminare für angehende Lehrerkräfte und Studierende im Hauptfach Pädagogik
(Magister) sind als Kombi-Angebot von Theorie und Praxis konzipiert. Die Theoriesitzungen
während des Semesters vermitteln einen Überblick über Erlebnispädagogik, über City
Bound und über mögliche praktische Anwendungen. Die einzelnen Sitzungen – an denen
alle TeilnehmerInnen teilnehmen – werden von uns einführend gestaltet, ansonsten liegt der
Schwerpunkt auf eigenständigen Präsentationen der Studierenden, auf der Grundlage ein-
schlägiger Literatur[14]. Zu einem der Termine werden Fachleute aus der Praxis (z.B.
Katholische Jugendfürsorge in München) eingeladen, die über erlebnispädagogische
Elemente und City-Bound-Anteile in ihrer Arbeit mit gefährdeten bzw. straffällig gewordenen
Kindern und Jugendlichen berichten.

---

[14] Z.B. Crowther 1998; Eichinger 1995; Gierer 1995; Heckmair u.a. 1992 und 2002

Die Praxis-Tage werden in zwei Gruppen in der vorlesungsfreien Zeit an drei aufeinanderfolgenden Werktagen durchgeführt. Als „Basislager" können wir einen großen Seminarraum im Universitätsgebäude nutzen, die meisten Aktionen finden jedoch vor Ort, d. h. in der Stadt München statt.

Warum City Bound an der Uni?

1. City Bound eröffnet neue berufliche Perspektiven für StudentInnen

Angehende PädagogInnen sind ein besonderer Teilnehmerkreis: Sie sind weder „nur" TeilnehmerInnen (denen die gemachten Erfahrungen zu ihrer eigenen Kompetenz- und Persönlichkeitsentwicklung dienen) noch sind sie „fertige" PädagogInnen, welche die Möglichkeit hätten, eine umfassende Erlebnispädagogik-Ausbildung zu machen. Dennoch sind sie auf jeden Fall künftige MultiplikatorInnen für neue pädagogische Ideen. Unser Seminar-Angebot ist von daher vor allem als eine Art „Schnupperkurs" in Sachen City Bound zu verstehen.

Zum einen inspiriert der im Seminar persönlich gewonnene Erfahrungshintergrund dazu, in der eigenen späteren Berufspraxis (in der Schule, in Jugendfreizeit-Einrichtungen, in der Erwachsenenbildung ...) City Bound mit einzubeziehen oder sich bereits während des Studiums um Praktika mit erlebnispädagogischer Ausrichtung zu kümmern. Letzteres war tatsächlich bei einigen unserer TeilnehmerInnen jetzt schon der Fall.

Zum anderen soll Interesse an einer späteren Zusatz-Ausbildung in Erlebnispädagogik bzw. City Bound geweckt werden. Es wurde von uns besonders betont, dass auf jeden Fall erfahrene Fachleute zur Durchführung einer erlebnispädagogischen Aktion hinzugezogen werden müssen, solange die jeweiligen Aktionsleiter keine zertifizierte einschlägige Ausbildung absolviert haben. Dies gilt vor allem für gefährlichere Vorhaben, wie etwa Abseilen.

Die doppelte Rolle der Studierenden machte eine besondere Seminargestaltung erforderlich. Als „normale" TeilnehmerInnen sollten sie einerseits persönliches Interesse am sozialen Umfeld in der Stadt entwickeln, die Stadt aus bislang ungewohnten Perspektiven kennenlernen, ihren persönlichen Horizont erweitern, sich auf bisher unbekannte Menschen und Lebensräume einlassen, Empathie entwickeln, Vorurteile reflektieren und evtl. abbauen, soziale Kompetenzen erlernen, eigene Grenzen erkennen und überwinden. In ihrer Funktion als künftige VermittlerInnen eben dieser Fähigkeiten sollten sie ihre gemachten Erlebnisse und Erfahrungen auf verschiedenen Ebenen reflektieren und dabei kennenlernen, wie erlebnispädagogische Lernumgebungen gestaltet werden können, wie Aktionen für andere sinnvoll und sicher geplant werden, welche pädagogischen Potentiale die einzelnen City Bound Aufgaben beinhalten und wie man Angebote zielgruppenspezifisch abstimmt.

2. City Bound vermittelt soziale Kompetenzen, die für pädagogische Berufe unerlässlich sind

Sämtliche Aufgaben, die im Rahmen unserer City Bound Seminare von den TeilnehmerInnen zu lösen waren, dienten zugleich dem Erwerb und Training wichtiger Schlüsselqualifikationen (vgl. Richter, 1995; Weinert 1998), wobei der Schwerpunkt auf den sozialen Kompetenzen lag.

An der Uni München werden für PädagogInnen viele Seminare angeboten, die sich theoretisch mit Schlüsselqualifikationen auseinandersetzen, aber kaum entsprechende Trainingsfelder dazu.

Soziale Kompetenzen lassen sich nicht aus Büchern erlernen. Für pädagogische Berufe, eigentlich auch schon für erfolgreiche pädagogische Praktika, sind sie jedoch Voraussetzung. Aus diesem Grund ist City Bound die ideale Ergänzung zu den bisherigen Studienangeboten.

Folgende Kompetenzen standen bei unseren Praxis-Tagen im Vordergrund:

Team- und Kooperationsfähigkeit:
Viele der Aufgaben waren nur in Gruppen lösbar. Ohne Absprache und Planung im Team und ohne den Einsatz und die Hilfe jedes Einzelnen wäre ein Misslingen vorprogrammiert gewesen.

Beispiel „Gruppenfoto" (Eichinger, 1995, S. 43): Wenn einzelne Leute sofort eigenmächtig agieren, ohne erst im Gespräch mit der Gruppe die beste Lösung und die Koordination der Einzelaktivitäten abzuklären, wird die Aufgabe nicht klappen (siehe Praxisbericht).

Kommunikationsfähigkeit:
Alle Aufgaben (außer dem Solo) erfordern den Mut, fremde Menschen anzusprechen, ihnen das eigene Anliegen zu erklären, sie um Hilfe oder Informationen zu bitten oder sie zu überzeugen, dass es auch für sie wichtig sei, bei einer der geplanten Aktionen mitzumachen. An der unmittelbaren Reaktion der Menschen werden sofort Erfolg oder Misserfolg des eigenen kommunikativen Verhaltens sichtbar. Bei einer falschen Strategie oder auch nur bei einem falschen Tonfall wird sich die angesprochene Person wahrscheinlich abwenden. In der Kleingruppe kann nun nach neuen Strategien gesucht werden, und da es eine Trainings-Situation ist, können diese auch gleich in einem neuen Versuch ausprobiert werden.

Unsere TeilnehmerInnen erfuhren die Bestätigung gelungener Kontakte in einer für sie erstaunlichen, ja teilweise überwältigenden Offenheit vieler Menschen in München (vorher war eher das Bild der gestressten, abweisenden und anonymen Großstadtmassen in den Köpfen vorherrschend gewesen).

Konfliktlösungsfähigkeit:
Viele der in Kleingruppen zu bearbeitenden Themen und Aufgaben fordern Meinungsverschiedenheiten heraus. Durch den zu Beginn geschlossenen Vertrag (siehe Praxisbericht) verpflichten sich alle TeilnehmerInnen, Konflikte offen anzusprechen, sich gegenseitig ausreden zu lassen, sich gegenseitig zu unterstützen und auch andere Meinungen zu tolerieren.

Problemlösungsfähigkeit:
Viele der City Bound Aufgaben können – ähnlich wie die bekannte Problemlösungsaufgabe „Spinnen-Netz" (Heckmair Michl/2002, S. 192 f) – unter dem Aspekt der Entwicklung gemeinschaftlicher und auch individueller Problemlösungskompetenz betrachtet werden. Sie fördern damit problemorientiertes Lernen.

Beispiele: Gruppenfoto, Essen für die Gruppe organisieren, Geld für die Gruppe durch spontane Aktionen verdienen, sich selbst einen ungewöhnlichen Übernachtungsplatz organisieren …

Empathiefähigkeit:
Die direkte Kontaktaufnahme erleichtert das Einfühlen in die Lebenssituation von Menschen, zu denen man im „normalen" Leben wenig Zugang (und daher meist wenig Verständnis) hat. Eichinger (1995, S. 22) nennt das Beispiel eines Managers, der einen Nachmittag in einer Jugendfreizeitstätte in einem ärmeren Stadtviertel verbringen sollte und daraufhin über mehrere Monate aus eigenen Stücken den Kontakt weiter pflegte.

Beispiele aus unseren Praxis-Tagen:

- Junge, gesunde Menschen erleben sich und die Reaktionen der Umwelt im Rollstuhl; sie erfahren am eigenen Leib, wie es sich als RollstuhlfahrerIn in München anfühlt
- StudentInnen „aus gutem Hause" trinken mit Obdachlosen Kaffee, besuchen sie in ihren Unterkünften, übernachten teilweise dort
- Angehende Religionslehrer sind überrascht, dass sie mit jungen Polizisten sehr viel mehr persönliche Gemeinsamkeiten entdecken, als sie je dachten
- StudentInnen erfahren in einem Selbsthilfeprojekt etwas über die Lebensschicksale von Drogenabhängigen und über den Alltag in deren Wohngemeinschaften.

Die Förderung individueller sozialer Kompetenzen wird weiterhin dadurch unterstützt, dass es für jede(n) Einzelne(n) möglich ist, immer wieder (ohne in der Gruppe dafür mit negativen Kommentaren belegt zu werden und ohne ernste Gefahren für das berufliche oder studiumsbezogene Fortkommen) die eigenen Grenzen auszuloten, an eigene Grenzen zu gehen und sie idealerweise auch zu überschreiten. Dies trifft vor allem für die (für den 2. Abend vorgesehenen) Nachtaktionen zu.

3. City Bound ergänzt das bestehende Studienangebot und deckt wichtige inhaltliche Bereiche der Prüfungsordnung ab

Sowohl die Prüfungsordnung für das Studium der Allgemeinen Pädagogik für LehramtskandidatInnen in Bayern (LPO I) als auch die Studienordnung für Pädagogik (Magister) an der LMU München verlangen eine Auseinandersetzung mit den gesellschaftlichen Bedingungen von Bildung und Erziehung sowie die Kenntnis von Teilbereichen und besonderen Institutionen von Erziehung und Bildung.

City Bound beschäftigt sich speziell mit den sozialen und kulturellen Lebensbedingungen in der Stadt, die ihrerseits die Basis und den Rahmen für Erziehungsprozesse im Lebensraum Stadt bilden.

Die Kenntnis der sozialen und gesellschaftlichen Gegebenheiten im Umfeld einer konkreten Stadt (dem Lernort der Kinder und Jugendlichen und dem Wirkungsbereich der PädagogInnen) ist unabdingbare Voraussetzung für erfolgreiches, zielgruppenspezifisches pädagogisches Handeln.

Dabei stützt sich City Bound nicht nur auf (häufig als „träge" bezeichnetes) Buchwissen, sondern legt Wert auf echte und hautnahe Auseinandersetzung mit Menschen und Gegebenheiten im Lebensraum Stadt. Reale Sozialkontakte sowie die Überwindung der Scheu vor der Kontaktaufnahme mit fremden Menschen (diese Scheu konnten wir auch bei angehenden PädagogInnen häufig feststellen) stehen dabei im Zentrum – angesichts zunehmend medial vermittelter Erfahrungen (Stichwort virtuelle Welt) ein immer wichtigerer Erlebnis- und Trainingsbereich.

Leicht nachvollziehbare Beispiele dafür bilden die Kleingruppenaufgaben am ersten Praxistag unter dem Motto „München kennenlernen", die in ähnlicher Form auch mit Kindern und Jugendlichen durchgeführt werden können (siehe Praxisbericht). Hier geht es nicht in erster Linie darum, sich Informationen über München aus Bibliotheken oder dem Internet zu holen, sondern sich die entsprechenden Orte selbst anzuschauen, dort Menschen zu interviewen etc. und das Erlebte für die Gruppe nacherlebbar zu präsentieren.

Prominente in München

PädagogInnen erlangen durch die verschiedenen Übungen und Aufgaben von City Bound vertiefte Einsichten in soziale Rahmenbedingungen von Erziehung und können gleichzeitig den Transfer theoretischer Kenntnisse auf die pädagogische Praxis erproben. Eigenes Erleben (und dazu gehören auch Erfolgsgefühle oder Misserfolgserlebnisse bei – in der Schule bisher eher unüblichen – Lösungsversuchen) als Hintergrunderfahrung ermöglicht es erst, Aufgaben für andere motivierend und zweckmäßig zu planen, anzuleiten und am Ende die Reflexion zu lenken. Dies gilt im übrigen für alle Aufgaben von City Bound und Outward Bound gleichermaßen.

City Bound kann mit verschiedenen thematischen Schwerpunkten durchgeführt werden. Bei unseren Kursen wünschten sich die StudentInnen in verschiedenen Semestern folgende unterschiedliche Bereiche: Obdachlose, Kinder und Jugendliche sowie soziale Randgruppen. Denkbar wären z. B. auch folgende Schwerpunkte:

- Integration von Behinderten (z.B. Rollstuhlfahrer, Blinde ...)
- Interkulturelle Erziehung (Menschen mit anderer Sprache / Hautfarbe / Lebensweise)
- Sicherheit (z.B. für Frauen in München, Kinder / Jugendliche in München)
- Infrastruktur (Angebote für Kinder / Jugendliche in München)
- Besondere soziale Gruppen (ältere Menschen, Asylbewerber, Arbeitslose ...)
- Prävention (Drogen, Alkohol, Magersucht ...)
- Stadtplanung (Verkehr, Umwelt, Lebensqualität ...)
- Geschichte (Trümmerfrauen, Feste und Traditionen in München ...)
- Stadtteilspezifische Fragestellungen

4. City Bound bietet Raum für problemorientiertes Lernen

Learning by doing, eine der grundlegenden Methoden von Erlebnispädagogik (Heckmair / Michl, 2002, S. 40 ff) bezieht sich bei City Bound vor allem auf kommunikatives und soziales Handeln. Durch das eigenständige Kennenlernen neuer sozialer Welten und durch die Notwendigkeit selbst (und mit der Gruppe) Lösungen zu finden bietet City Bound ein ideales (und reales) Trainingsfeld für soziales Lernen.

Konzeptionen des problemorientierten und des situierten Lernens (z.B. Gräsel, 1997) greifen die Grundgedanken des handelnden Lernens auf und fordern den problemlösenden Umgang mit authentischen Fällen, um so die Anhäufung „trägen Wissens", das nicht auf praktische Fälle anwendbar ist, zu vermeiden. An der Universität wird dieser Ansatz meist stark mit medienunterstütztem Lernen und virtueller Kommunikation verknüpft realisiert. Unserer Ansicht nach fehlt hier ein wichtiger Zwischenschritt: Die Fähigkeit zu realer Kommunikation (face to face) und der Abbau von Hemmungen bei der Kontaktaufnahme sind Voraussetzungen für das Gelingen produktiver Kommunikation, übrigens auch in der virtuellen Welt.

Die beglückende Erfahrung, durch eigene Offenheit und eigenes positives Verhalten „Türen zu öffen", Hilfsbereitschaft und Unterstützung zu erfahren, mit der man niemals gerechnet hatte, sich plötzlich mit (vorher fremden) Menschen verbunden zu fühlen, ist gerade für Kinder und Jugendliche eine wichtige Basiserfahrung zum Aufbau von Selbstvertrauen und von Vertrauen in andere.

PädagogInnen sollten die Fähigkeit haben, solche Erlebnisse und Erfahrungen zu vermitteln. City Bound wendet die fruchtbaren Grundgedanken des Lernens an authentischen (Problem-)Fällen, in multiplen Kontexten und in kooperativen Teams auf reale soziale Lebenswelten an und stellt damit ein Angebot dar, das es in dieser Form in der Ausbildung von PädagogInnen bislang noch nicht gab.

Exemplarischer Praxisbericht (mit Ausschnitten aus verschiedenen Praxistagen)

„Ich habe Vorurteile wirklich abgebaut; gelernt, wie man auf fremde Menschen zugeht und wie nett die auch sind; gemerkt, wieviel ich durch eigene Kraft erreichen kann; selbst erfahren, wie sich körperbehinderte Menschen fühlen.

Dadurch, dass ich sehr viel Spaß hatte und mir die Tage viel gebracht haben, werde ich versuchen, später in der Schule selbst erlebnispädagogische Elemente einzubauen oder mit einer Erlebnispädagogin zusammen zuarbeiten" (eine Teilnehmerin).

Übergeordnete Zielsetzung der Praxistage war, neben der Vorstellung und Durchführung einzelner typischer City Bound Aktionen, Einblick in das pädagogische Potential der Aktionen zu ermöglichen und Ausblicke für den späteren Berufsalltag zu geben.

Das Besondere an der Seminargestaltung: City Bound für pädagogische MultiplikatorInnen erfordert mehrmals täglich einen Wechsel der Rollen (Teilnehmer ← → spätere Verant-wortliche). Die Reflexionen nach den Aktionen müssen dementsprechend auf mehreren Ebenen stattfinden (eigene Verarbeitung, Beurteilung der pädagogischen Potentiale, Prüfung der Aktion auf ihre Eignung für verschiedene Zielgruppen, Überlegungen, wie die Reflexion der eigenen SchülerInnen angeleitet und unterstützt werden könnte etc.). Homeward Bound, die Phase des Transfers auf die spätere berufliche Arbeit (Eichinger, 1995, S. 44), die normalerweise am Ende eines City Bound Angebots stattfindet, wird daher in den gesamten Seminar-Ablauf integriert.

Beim letzten gemeinsamen Treffen vor dem Praxisblock bekommen die StudentInnen eine Ausrüstungsliste und einige Informationen zum organisatorischen Ablauf der drei Tage. Wir sagen ihnen z. B., dass sie sich auf drei anstrengende Tage einrichten und damit rechnen sollten, während dieser Zeit nicht mehr nach Hause zu kommen. Welche Aktionen wann auf sie zukommen würden, das verraten wir nicht, schließlich sollte ja auch ein gewisser „Über-raschungseffekt" dabeisein (vgl. auch Eichinger, 1995, S. 53).

Die Planung der Aktionstage in den verschiedenen Gruppen war von der Struktur her im Wesentlichen gleich. Wir werden im Folgenden nur dann differenzieren, wenn es wichtige Unterschiede oder neue Erfahrungen gab.

Dienstag

Icebreaker

Im Seminarraum sorgten gleich zu Beginn zwei „Icebreaker" für eine fröhliche und vertraute Atmosphäre. Um eine gemeinsame Arbeitsgrundlage (gemeinsame Verhaltensregeln) zu schaffen, wurde mit den TeilnehmerInnen ein Vertrag nach dem Vorbild von „Project Adventure" aufgestellt (vgl. Project Adventure, 1995; Wagner, 2000, S. 15 f). Der Vertrag wurde anhand der Frage: „Wie wollen wir miteinander umgehen" erarbeitet. Von den Leiterinnen wurden manche Punkte ergänzt und verdeutlicht, z.B. die Verpflichtung zu gegenseitiger (auch emotionaler) Unterstützung. Nachdem ein Konsens erzielt wurde, unterschrieben alle – auch die Leiterinnen – diese Vereinbarung, die damit für die nächsten drei Tage als verbindlich angenommen worden war. Durch diesen Schritt wurde allen TeilnehmerInnen die Ernsthaftigkeit der Aktionen bewusst. Der Vertrag bietet die Möglichkeit, bei bestimmten Situationen (z.B. Übernahme von Eigenverantwortung und die Annahme von Herausforderungen) sich darauf zu beziehen und Verantwortung an die TeilnehmerInnen zurückzugeben. Bei manchen der TeilnehmerInnen entstanden Diskussionen, ob so ein Vertrag nötig sei. Unsere Beobachtung über die Jahre ist, dass die Verbindlichkeit durch die Unterschrift sehr hoch ist und eine intensive Auseinandersetzung mit den eigenen Werten hervorruft.

Anschließend fragten wir nach den Erwartungen der TeilnehmerInnen an dieses Seminar. Mit der Methode des Metaplans wurden die beruflichen sowie die privaten Ziele vorgestellt und die Wünsche jedes einzelnen an die Gruppe geklärt. Dieser Schritt eignet sich, um die beruflichen und persönlichen Weiterentwicklungsmöglichkeiten während der Praxistage den TeilnehmerInnen bewusst zu machen. Am Ende konnten die StudentInnen auch ihre Ängste und Befürchtungen vor der Gruppe äußern und um Unterstützung bitten. Es wurden beispielsweise sehr viele Ängste im Umgang mit Menschen (Angst vor Fremden, Angst vor Ämtern …) und mit sich (Angst allein zu übernachten, Angst die Grenze nicht zu kennen oder nicht zu akzeptieren, Angst vor der Angst …) geäußert.

Nach dem Vormittag im Seminarraum, fuhr die ganze Gruppe mit öffentlichen Verkehrsmitteln (wie auch zu allen anderen Aktionen) ins Zentrum von München, zum Marienplatz.

Die erste Aktion, das „Gruppenfoto mit Vorgaben", stellte die TeilnehmerInnen zunächst vor ziemliche Schwierigkeiten. Sie sollten eine Gruppe von insgesamt 40 Menschen zusammen auf ein Foto bringen: davon drei Mütter mit Kinderwagen, vier Amerikaner oder Japaner, fünf Menschen älter als 65, zwei Personen mit Hunden, einen Stadtstreicher und drei Polizisten.

Nach einer längeren Planungszeit und einem Fehlversuch (auf Grund mangelnder Koordination), lösten die StudentInnen diese Aufgabe tatsächlich innerhalb der vorgegebenen Zeit. Wie, das verraten wir hier nicht!

Gruppenfoto am Marienplatz

Als mit der Gruppe das pädagogische Potential dieser (oberflächlich gesehen leichten oder vielleicht sogar nutzlosen) Aktion des Gruppenfotos besprochen wurde, zeigte sich, dass diese Aufgabe einen guten Beispielfall für soziales Lernen schlechthin darstellt. Verschiedene der oben angesprochenen Schlüsselqualifikationen werden gefordert bzw. trainiert: So ist eine Planung im Team zwingend notwendig. Es müssen Einzelaufgaben verteilt werden, eine zeitliche Planung muss vorhanden sein und ein(e) KoordinatorIn bestimmt werden. Neben diesen organisatorischen werden auch kommunikative Fähigkeiten benötigt. Man soll erfolgreich fremde Menschen von einer Aktion überzeugen, sie motivieren, dabeizubleiben und notfalls auch etwas zu warten. Eine gute Strategie dazu ist, Kontakte unter den unterschiedlichen fremden Menschen zu schaffen, Gemeinsamkeiten unter den einzelnen Angesprochenen zu finden und diese untereinander ins Gespräch zu bringen. Gleichzeitig wird das Einfühlungsvermögen der TeilnehmerInnen gefordert, z. B. Fremde nach ihrem Alter oder ob sie obdachlos sind zu fragen. Weiterhin wird die Beobachtungsgabe geschult, indem man gleich zu erkennen versucht, wer von den Passanten in der Körpersprache schon zeigt, ob er in Eile ist oder Zeit haben könnte. Eine richtige bzw. falsche Strategie kann sofort am sichtbaren Erfolg bzw. Misserfolg erkannt werden.

Die gleichen Fähigkeiten wurden anschließend nochmals bei den Kleingruppenaufgaben gebraucht und dadurch trainiert.

München grün – Park

Der weitere Tag stand unter dem Motto: „München kennenlernen". Die selbst zusammenge-
fundenen Kleingruppen suchten sich aus verschiedenen angebotenen Themen „Menschen
in München", „die Isar und ihre Geschichte", „München grün" und „München für Insider",
eines aus. Die Art der Aufgabenbearbeitung war freigestellt, doch es wurde schon deutlich,
dass nicht an Archivstudium gedacht war. Die meisten Gruppen lösten die Aufgaben tatsächlich „erlebnispädagogisch", d.h. sie gingen auf Menschen zu und fragten sie nach
deren Erfahrungen und Erlebnissen.

Bei der anschließenden Präsentation der Ergebnisse im Plenum waren alle sehr positiv
überrascht, dass völlig unbekannte Menschen so freundlich reagiert und ihnen so aufgeschlossen geholfen hatten. Dies hatten sie nicht erwartet. Die am Morgen geäußerten Ängste wurden nicht bestätigt und manche TeilnehmerInnen konnten nun offener anderen
Menschen begegnen und Offenheit ausstrahlen. Darüber hinaus wurde sehr schnell
erkannt, dass eine kommunikative Lösung der Aufgaben (also im Gespräch mit den
Einwohnern) viel mehr Spaß machte und der Erlebniswert höher war. Zudem wurden durch
den persönlichen Kontakt zu den Einheimischen viele „Insider-Informationen" über München
übermittelt.

Nach dieser Runde wurden die für den nächsten Abend vorgesehenen Nachtaktionen angesprochen. Bereits Wochen zuvor hatten wir die TeilnehmerInnen ermuntert, sich eine Aktion
zu überlegen, die sie alleine oder in Kleingruppen machen möchten, frei nach dem Motto:
„Tue das, was du schon immer tun wolltest, dich aber noch nie getraut hast" (Eichinger
1995, S. 40). Da jedoch kaum jemand etwas Konkretes nennen konnte (oder wollte), zeigten wir einige Möglichkeiten auf und gaben den Leuten die Aufgabe, bis zum folgenden
Morgen ihre Wunsch-Aktion zu finden und sie dann in der Gruppe vorzustellen.

Für den Abend hatten wir Karin Feige, Leitung im Jugendtreff Mooskito, eingeladen. Sie
stellte ihre Projekte und Aktionen in Zusammenarbeit mit Schulen im Stadtteil vor. Gerade
von den zukünftigen Lehrerinnen und Lehrern wurden diese ermutigenden Praxiserfahrun-
gen mit SchülerInnen als sehr positiv empfunden.

Bei den einzelnen Projekten probierten wir unterschiedliche Übernachtungsformen für die
erste Nacht aus. Das Spektrum reichte von gemeinsamer Übernachtung an einem selbstge-
wähltem Ort, über organisierte Übernachtung in einer Einrichtung bis hin zur Aufforderung,
sich gegenseitig einen Schlafplatz anzubieten und die eigene spontane Gastfreundschaft
auszuprobieren. Es zeigte sich, dass eine gemeinsame Übernachtung, wie auch immer
gestaltet, die Gruppendynamik fördert und den Wünschen der TeilnehmerInnen am besten
entspricht.

Mittwoch

Bei der „Blitzlichtrunde" am Morgen stellte sich heraus, dass fast allen TeilnehmerInnen die Nachtaktion „im Magen" lag . Dies war der Anlass, gleich nach der Morgenrunde darauf einzugehen.

Wir besprachen die einzelnen Vorschläge (z.B. bei einer Polizeistreife mitfahren; Übernachtung bei älteren Menschen, bei Obdachlosen oder ohne Geld in einem First Class Hotel; das Geschehen hinter der Bühne oder im Cockpit erleben; eine Nacht in der Bahnhofsmission oder im Gefängnis ….) mit der Gruppe unter den Aspekten Durchführbarkeit, Aufwand und Sicherheit. Bei Übernachtungsaktionen in fremden Wohnungen verlangten wir von den TeilnehmerInnen, dass sie uns telefonisch Adresse und Name der jeweiligen Gastgeber mitteilten und dies ihre Gastgeber auch wissen ließen, um beiden Seiten Sicherheit zu signalisieren.

Der Punkt Sicherheit wurde nochmals in einer Theorieeinheit über die Planung und Durchführung einer erlebnispädagogischen Aktion aufgegriffen. Als herausforderndes Beispiel wurde das Abseilen an einem Hochhaus gewählt, da daran die Bedeutung des Sicherheitsaspektes besonders gut verdeutlicht werden kann. Als wichtiger Aspekt wurde auch der Zeitpunkt der Durchführung solch einer Aktion angesprochen. Spontan platzierten die TeilnehmerInnen dieses Projekt eher an den Anfang einer erlebnispädagogischen Maßnahme und dachten, dass dadurch das Vertrauen in der Gruppe gefördert werden könnte. Im Laufe der Besprechung der Anforderungen an die Sicherheit und an die Gruppe bei so einer gefährlichen Aktion erkannten die Studierenden, dass der zunächst gewählte Zeitpunkt eine Fehleinschätzung war. Solch eine Aktion wird besser an das Ende einer Maßnahme gesetzt, wenn schon Vertrauen in der Gruppe entstanden und ein gegenseitiges Sichern möglich ist.

Weiterhin wurde klar, dass die pädagogischen Ziele im Vordergrund stehen sollten, und nicht irgendeine spektakuläre Aktion als Selbstzweck. Genauso sollte bei der Auswahl der Aktionen auf das eigentliche Potential des Standortes geachtet werden (in diesem Fall das pädagogische Potential der Stadt und ihrer Einwohner, mit der Möglichkeit soziale Kompetenzen zu erwerben und zu trainieren).

Am Nachmittag standen unterschiedliche Aktionen zur Auswahl. Zum einen konnten zwei Zweiergruppen München mit dem Rollstuhl erleben. Sie hatten dabei unterschiedliche Kleinaufgaben zu bewältigen, wie z.B. sich über eine Ferienreise zu informieren, in einem Kaffeehaus einzukehren, Einkaufen zu gehen und mit den öffentlichen Verkehrsmitteln zu fahren. Die zweite Aktion war, Kuchen zu organisieren und vier Gäste aus sozialen Randgruppen zum Kaffee auf einen öffentlichen Platz einzuladen. Die dritte Aktion bestand darin,

Geld zu verdienen und dann damit das Abendessen für die Gruppe zu kaufen. Bewusst wurden diese beiden ähnlichen Aktionen parallel angeboten, da sie später auf ihre pädagogischen Potentiale hin verglichen werden sollten.

Wiederum machten unsere TeilnehmerInnen die aufbauende Erfahrung, dass Freundlichkeit und Ehrlichkeit sehr viele „Türen bei fremden Menschen öffnen". Viele waren über die große Hilfsbereitschaft, die sie erlebten, geradezu fassungslos.

Bei der Gegenüberstellung der Aufgaben „Essen organisieren" und „Geld verdienen" arbeiteten die TeilnehmerInnen die unterschiedlichen pädagogischen Einsatzmöglichkeiten heraus.

Die Aufgabe „Geld verdienen" eignet sich eher für ältere SchülerInnen, bzw. Jugendliche. Dabei kann gut der Wert von Geld in Form von aufgewendeter Zeit und Energie selbst erfahren werden. Denkbar wären auch Variationen, die Einblick in unterschiedliche Berufszweige ermöglichen. Die TeilnehmerInnen unserer Aktion überlegten sich spontane Verdienstquellen, sie fühlten sich dabei teilweise „wie Vater oder Mutter" für die Gruppe: „Wenn wir nichts verdienen, gibt es nichts zu essen". Verantwortung zu übernehmen und für andere zu sorgen sind weitere wichtige Lernziele. Darüber hinaus ist auch viel Raum für eigene Kreativität und Flexibilität bei den möglichen Lösungsstrategien vorhanden.

Essen organisieren am Viktualienmarkt in München

Beim „Kuchen organisieren" werden die Aspekte der Dankbarkeit und das Erfahren vom Leben sozialer Randgruppen stärker betont. Unseren TeilnehmerInnen fiel es deutlich leichter, für andere (d.h. für einen guten Zweck) etwas zu erbitten, als z.B. für sich selbst.

Bei einem Rollenspiel wurden die Positionen und möglichen Ängste besorgter Eltern („da lernen unsere Kinder das Schnorren und Lügen") verdeutlicht. Die übrigen TeilnehmerInnen mussten diese Eltern vom pädagogischen Wert der Aktionen überzeugen.

Danach begann die Nacht der Nachtaktionen …

Donnerstag

Morgens trafen sich alle im Seminarraum und wurden mit Kerzen und Blumen und einem meditativen indianischen Morgengruß empfangen. Nach diesem ruhigen Anfang berichteten alle von ihren Erlebnissen in der Nacht. Es gab ganz unterschiedliche Erfahrungen bei den TeilnehmerInnen – manche waren total begeistert von ihren Erfolgen und Erlebnissen, andere wiederum hatten eher Misserfolge und Ablehnung erfahren.

Die Vierergruppe beispielsweise, die gemeinsam in einem First Class Hotel kostenlos übernachten wollte, war sehr enttäuscht, dass sie ihr Ziel nicht erreicht hatte. Bei der Reflexion kristallisierte sich heraus, dass es auch objektive Grenzen gibt und es wichtig ist, diese Grenzen zu erkennen und zu akzeptieren. Weiterhin besprachen wir, dass auch Misserfolge Lernsituationen darstellen. Dazu äußerte eine Teilnehmerin, dass sie jetzt „wieder auf dem Boden angekommen sei", nachdem sie zwei Tage lang nur Erfolge hatte und glaubte, alles wäre möglich.

Nach der Auswertung stärkten sich alle bei einem gemeinsamen Frühstück, bevor sie die letzten Aufgaben des Blockseminars wahrnahmen. Die StudentInnen besuchten in Kleingruppen unterschiedliche Obdachlosenspeisungen zum Mittagessen. Danach sollte sich jeder(r) für zwei Stunden alleine (Solo) an einen belebten Platz begeben und einen Brief über die Erlebnisse der letzten Tage an sich selbst schreiben (der – natürlich verschlossen – von uns einen Monat später zugeschickt wurde).

Die Endauswertung des Seminars erfolgte auf Plakaten und einem Fragebogen, wobei die TeilnehmerInnen anonym ihre Meinung äußern konnten (hier nur einige Zitate zur Illustration):

- *„City Bound: stärkt Selbstbewußtsein durch Erfolge, Überwindung, Thematisierung von Misserfolgen"*
- *„Fördert Vertrauen und Gruppenzusammenhalt"*
- *„Transfer in den Schulalltag ist sehr gut möglich und auch absolut notwendig"*
- *„Aufgrund dieser drei Tage, der vielen Erfahrungen, nimmt man sein Leben wieder bewusster wahr, kann sich in andere Personengruppen besser einfühlen"*...

Was hast du durch City Bound gelernt?

- *„Selbstvertrauen, Gemeinschaftsgefühl, Kooperation, gemeinsame Planung, Überwindung, Mut, neue Ideen, neue Einblicke in andere Lebenssituationen"*
- *„Eigene Grenzen erkennen und vielleicht überwinden, Kommunikation, Abbau von Vorurteilen, Stadt aus anderer Sicht sehen"*
- *„Perspektivenwechsel, einzigartige Erfahrungen, Weltbild wird überdacht"*
- *„Die eingefahrene Trägheit von Gedanken und Bildern zu durchbrechen"*
- *„Spielerisch wichtige Erfahrungen machen zu können"*
- *„Die Offenheit und Freundlichkeit die man den Leuten gibt, bekommt man auch zurück" …*

Prognosen für die weitere Entwicklung von City Bound in der universitären Ausbildung

Nachfrage und Resonanz sind unter den Studierenden an der Ludwig-Maximilians-Universität München weiterhin groß, daher werden wir City Bound auch weiterhin anbieten.

Auf Grund der gemachten positiven Erfahrungen halten wir es für sinnvoll, City Bound in allen Ausbildungsgängen anzubieten, die für den professionellen Umgang mit Menschen qualifizieren sollen. Gesteigerte Empathie- und Kommunikationsfähigkeit, auch gegenüber Menschen mit völlig anderem sozialen Hintergrund, wäre nicht nur für LehrerInnen und PädagogInnen wünschenswert, sondern beispielsweise auch für MedizinerInnen, PsychologInnen und SoziologInnen. Außerhalb der Universität könnte City Bound einen wichtigen Beitrag für die berufliche Aus- und Weiterbildung in den Bereichen Sozialwesen, Erziehung und Pflege, aber auch innerhalb von Institutionen wie z. B. der Polizei oder der Stadtverwaltung (Jugendamt, Sozialamt, Gericht …) leisten. Ebenso kann City Bound sinnvoll als Fortbildung z. B. im Führungskräftebereich von Unternehmen angeboten werden. Angesichts steigenden Medienkonsums von Kindern und Jugendlichen und zunehmend medial vermittelter Kommunikation könnte City Bound positive Alternativen in Sinne von „echter" Kommunikation und menschlicher Begegnung anbieten. Daher sollte City Bound unserer Meinung nach verstärkt Eingang in Schulen, Jugendfreizeiteinrichtungen, Maßnahmen der Jugendhilfe usw. finden. Aus diesem Grund ist es wichtig, dass bereits Studierende der betreffenden Fachrichtungen Erfahrungen mit City Bound sammeln und als MultiplikatorInnen wirken können.

Dr. Barbara Deubzer

Jahrgang 1966,
ist freiberuflich als Erlebnis- und Naturpädagogin in sozialen
Einrichtungen, für die Praxistage an der Ludwig-Maximilians-
Universität im Bereich Erlebnispädagogik, im Lehrteam Familien-
bergsteigen und Naturschutz des DAV und in Unternehmen tätig.
Survival- und City Bound Trainerin. Soziale Kompetenztrainings
für Führungskräfte und MitarbeiterInnen. Gründerin von
www.go-excellence.de

Dr. Maya Kandler

Jahrgang 1954,
arbeitet seit 1999 am Lehrstuhl für Allgemeine Pädagogik und
Bildungsforschung der Ludwig-Maximilians-Universität München, vor
allem im Bereich der Lehrerbildung.
Ihre Schwerpunkte sind u.a. Interessenforschung, Medienpädagogik,
Gewaltprävention und Erlebnispädagogik. Zuvor war sie 13 Jahre
Lehrerin an Grund- und Hauptschulen.

Ute Bertel

3.5 „switch – die andere Seite®"

Lernen in fremden Lebenswelten

„Ich wusste nicht, dass es in einer so reichen Stadt so viel Armut gibt." Mit diesen Worten leitete ein Teilnehmer sein Feedback zur Weiterbildung „switch – die andere Seite®" ein. Was steckt hinter dieser Weiterbildung, dass sie solche Reaktionen hervorruft?

„switch – die andere Seite®" ist ein Bildungsangebot, basierend auf der Prämisse des lebenslangen Lernens, welches über die Form des ganzheitlichen Lernens verschiedene unter dem Oberbegriff „soft skills" bekannte Kompetenzen vertieft und zu bürgerschaftlichem Engagement auffordert.

Teilnehmen können Führungskräfte und Projektleitungen aus der freien Wirtschaft und dem öffentlichen Dienst, die über wenigstens sechsmonatige konkrete Erfahrung in einer dieser Funktionen verfügen.

Die Hintergründe für den Aufbau dieses Programms:

Zunehmend verändert sich unsere Gesellschaft. So erfolgt beispielsweise immer mehr eine ökonomische Spaltung in Arm und Reich und die Lebensstile unterschiedlicher Gruppen (Alt, Jung, verschiedene Kulturen etc.) differenzieren sich immer mehr aus. Dies erfordert eine Auseinandersetzung über die zukünftige Lebensqualität in der Kommune. Bisherige soziale Netze zerfallen. Dies darf jedoch nicht dazu führen, dass Teile der Stadtgesellschaft von den allgemeinen Entwicklungen „abgehängt" werden. Hier stellt sich auch die Frage, welche Angebote und welche Informationen notwendig sind, um es Menschen auch in Zukunft zu ermöglichen, in der Stadtgesellschaft sozial aufgefangen zu sein und teilhaben zu können am Leben in der Stadt. So sollte also beispielsweise vermieden werden, dass Menschen mit Gehbehinderung aufgrund schlechter Begehbarkeit von Veranstaltungsräumen nicht an Veranstaltungen teilnehmen können.

Anders als in früheren Zeiten müssen Menschen ihr Leben flexibler gestalten. Die zunehmende Globalisierung der Arbeitswelt erfordert diese Veränderung, will man sich Erwerbstätigkeit sichern. Wir können nicht mehr davon ausgehen, dass wir kontinuierlich über einen langen Zeitraum (zehn Jahre oder länger) an einem Ort oder gar in einem Unternehmen arbeiten können. Künftig werden wir vielmehr damit leben müssen, dass es trotz Wirtschaftswachstums und steigender Bedeutung des Dienstleistungsbereichs nicht mehr ausreichend Erwerbsarbeit für alle auf der Basis der heute geltenden Arbeitszeitvereinbarungen geben wird. Erste Diskussionen zu den Themen Lebensarbeitszeit und Wochenarbeitszeit zeigen die Brisanz auf. Sogenannte Lebensbrüche innerhalb der Erwerbsarbeitszeit werden somit künftig keine Ausnahme mehr bilden.

Wirtschaftlicher Wandel wirkt sich immer auch auf das soziale Gefüge aus. Nur wenn dieser Zusammenhang erkannt wird, wenn die Verantwortung nicht mehr nur der öffentlichen Hand zugeschrieben wird, sondern alle sich ihrer Verantwortung stellen und gemeinsam Handlungsstrategien entwickelt werden, sind die gesellschaftlichen Probleme auch in Zukunft zu lösen. Und so kann man zwischenzeitlich vermehrt beobachten, dass sich Firmen dem Aspekt der sozialen Verantwortung stellen und dies in ihren unternehmerischen Leitlinien aufgenommen haben.

Dabei spielt das soziale Umfeld als Standortfaktor für Firmen eine nicht zu unterschätzende Rolle. Der Vertreter der Industrie- und Handelskammer München und Oberbayern, Peter Kammerer, machte dies auf einer Fachtagung des Sozialreferates München im Jahr 1999 deutlich: „Standortentscheidungen werden aber sehr wohl auch von emotionalen Faktoren beeinflusst. Das Außenbild, das Image einer Stadt, spielt hier eine erhebliche Rolle." Die Spaltung der Gesellschaft zu vermeiden „fällt nicht wie ein Geschenk vom Himmel, sondern ist auf das Engagement aller Akteure in der Stadt und Region zurückzuführen." Und Firmen sind dabei ein wichtiges Element. „Ihr finanzielles und organisatorisches Potential bietet die Voraussetzung, Bürgersinn und bürgerliches Engagement unmittelbar zu fördern." (Endres E., 2000).

Als Antwort auf diese Herausforderung etabliert sich auch in Deutschland immer mehr die Strategie des „corporate citizenship", die die unterschiedlichen Aktivitäten gesellschaftlichen Engagements eines Unternehmens koordiniert (Damm D., Lang R., 2001). Ein Unternehmen wird innerhalb dieser Strategie als Bürger betrachtet, der nach der Summe seines Verhaltens innerhalb der Gesellschaft beurteilt wird. Ein positives Verhalten einer Firma gegenüber der Gesellschaft wirkt sich wiederum auf ihr kommerzielles Wohlergehen aus (Westebbe,1995,14). Das Unternehmen kommt so seiner gesellschaftlichen Mitverantwortung nach. „Corporate social responsibility" ist ein Teil dieser Strategie. Es wirkt nach innen (gegenüber den Mitarbeiterinnen und Mitarbeitern) sowie nach außen (auf die lokale Gesellschaft). Hier zeigt ein Unternehmen durch verschiedene Aktivitäten, durch sein Verhalten, wie wichtig ihm das Wohlergehen seiner Mitarbeitenden und der Gesellschaft, in der sie leben, tatsächlich ist. Wie bedeutend corporate citizenship zwischenzeitlich ist, zeigt sich darin, dass diese Aktivitäten Bedingung sind, um in den so genannten sustainable Dow Jones Index aufgenommen zu werden. Und wenn man meint, dass es reicht, diese Aktivitäten nur für die Aufnahme aufweisen zu müssen, irrt gründlich. Die Aktivitäten werden geprüft und der Nachweis ist immer wieder zu erbringen.

Vor dem Hintergrund dieser Entwicklungen ist es eine zentrale Aufgabe einer sozialen Kommunalpolitik, die städtischen Lebensbedingungen so zu gestalten, dass Eigeninitiative und Selbsthilfe von Bürgerinnen und Bürgern in größtmöglichem Umfang gefördert und gefordert werden. Solidarisches Handeln, Kommunikation und gegenseitige Unterstützung müssen angeregt und erleichtert werden (Dettling W., 2001). Es geht dabei um die Beantwortung der Frage: Was muss die kommunale Sozialpolitik leisten, um es auch den in der Kommune für einen begrenzten Zeitraum arbeitenden und lebenden Menschen zu ermöglichen, sich verantwortungsvoll und solidarisch für die kommunale Gesellschaft zu engagieren?

Deshalb muss Bürgerschaftliches Engagement, verstanden als „das ganzheitliche Handeln oder die Handlungsbereitschaft von Bürgern im Eigeninteresse mit anderen gemeinsam zu Gunsten aller", so Konrad Hummel auf einer Fachtagung im Jahr 1997 in München, gefördert werden (Hummel K., 1997).

Bürgerschaftliches Engagement ist facettenreich.: Es kann in vielen Bereichen und in vielen verschiedenen Formen geleistet werden. Traditionelles Ehrenamt ist genauso wertvoll wie die Selbsthilfearbeit, Projektarbeit oder punktuelles Engagement (Fachtagung „Bürgerschaftliches Engagement – was es leistet, was es braucht", Sozialreferat München, 1998). Gerade das freiwillige Engagement von Menschen über einen klar abgesteckten Zeitraum und nicht mehr über viele Jahre hinweg wird aufgrund der oben beschriebenen, zunehmend notwendigen Flexibilisierung der Menschen innerhalb der Erwerbstätigkeit künftig an Bedeutung gewinnen.

Bürgerschaftliches Engagement bereichert die hauptamtliche Tätigkeit um wichtige Komponenten und ist immer ergänzend zu sehen. Dieses freiwillige Engagement hat eine andere, ganz eigene Qualität, die so von professioneller Seite nicht geleistet werden kann oder auch nicht geleistet werden soll. Es eröffnet neue Lernfelder und fördert die Solidarität zwischen den verschiedenen gesellschaftlichen Gruppen (Schmid-Urban, 1998) und das ist besonders wichtig in einer Zeit, der nachgesagt wird, dass sie durch Anonymität, Vereinzelung und Einzelinteresse geprägt sei.

Infopoint – Bürgerschaftengagement

Damit sich freiwilliges bürgerschaftliches Engagement entwickeln kann, braucht es förderliche Rahmenbedingungen. So kann zu bürgerschaftlichem Engagement ermutigt werden, wenn in der Kommune Raum dafür gegeben wird, zu Eigeninitiative ermuntert wird und verschiedene Akteure aus unterschiedlichen Politikbereichen zusammengebracht werden (z.B. Soziales und Wirtschaft).

Konkret heißt dies,

- Zeitgemäße Formen von gemeinwesenorientierter Entwicklung, die Engagement vor Ort aktivieren, müssen gefördert werden
- Neue Kooperationen und offene Netzwerke müssen gestärkt und erprobt werden,
- Aber auch die Arbeit der engagierten Menschen, Initiativen und Vereine als Teil der lokalen Infrastruktur muss anerkannt und wert geschätzt werden (Bertel U., 2002).

„Switch – die andere Seite®" setzt genau vor diesem Hintergrund an. Das Konzept wurde gemeinsam entwickelt vom Sozialreferat München und der Siemens AG, – eine neue Form der Kooperation, die erfolgreich war und zeigt, dass Wirtschaft und öffentliche Hand gemeinsam etwas auf den Weg bringen können.

Das Programm:

Es ist praxisorientiert und leitet einen Prozess der konkreten Auseinandersetzungen mit der sozialen Arbeits- und Lebenswelt ein. Die TeilnehmerInnen arbeiten eine Woche in einer sozialen Einrichtung wie zum Beispiel der Münchner Aids Hilfe oder der Bahnhofsmission. Sie erleben dort den Arbeitsalltag von Sozialarbeiterinnen, Sozialarbeitern und freiwillig engagierten Bürgerinnen und Bürgern und lernen so eine für sie fremde Welt kennen; sie erfahren einen Perspektivenwechsel.

In dieser Weiterbildung werden so zum einen so genannte „soft skills" trainiert, auf die ein Unternehmen in zunehmendem Maße wert legt. Zum anderen erfahren sie etwas über die sozialen Problemstellungen in der Stadt sowie die Motivation von freiwillig engagierten Menschen und lernen den Arbeitsbereich der Sozialarbeit kennen und schätzen.

Wichtig ist, dass die TeilnehmerInnen während dieser Woche nicht nur bei der Arbeit zusehen, sondern eigene Aufgaben erledigen.

Grundsätzliche Ziele des Programms sind:

- Schärfung der Wahrnehmung für soziale Themenstellungen
- Gewinnen von Menschen, die sich im sozialen Bereich freiwillig engagieren wollen
- Entwickeln und vor allem Vertiefen sozialer Kompetenzen
- Förderung eines konstruktiven Führungsstils.

Bei den TeilnehmerInnen sollen also Prozesse und Denkanstöße in Gang gesetzt werden, die ihnen helfen,

- ihre Wahrnehmung zu sensibilisieren und ihre Werte und Vorurteile zu hinterfragen.
- Kompetenzen im Umgang mit menschlichen Problemen zu erhalten bzw. weiterzuentwickeln.

Hier erleben die TeilnehmerInnen,

- wie sie selbst mit Menschen, die in Not sind, kommunizieren können
- wie sie sich einfühlen können
- wie viel Nähe und Distanz sie brauchen
- wie flexibel sie sich auf neue Situationen, ein neues Umfeld einstellen können
- mit welchen Problemen die Einrichtungen und deren Kunden konfrontiert sind.

Von der Idee zur Umsetzung

In diesem Teil wird beschrieben, auf was geachtet wurde bei der Entwicklung des Programms um danach auf die konkreten Erfahrungen einzugehen.

In anderen Ländern und in anderen Bereichen wird diese Form der Weiterbildung bereits seit längerem praktiziert. Die Idee zu „switch – die andere Seite®" wurde auf einer Fachtagung des Sozialreferates München im Jahr 1998 geboren, angeregt durch ein präsentiertes Beispiel aus der Schweiz „Seitenwechsel®".

Damit beide Seiten – sowohl die Kommunalverwaltung als auch die Wirtschaft einen Gewinn durch das Weiterbildungsangebot haben, ist es sinnvoll, beide bei der Konzeptentwicklung einzubeziehen – wie später noch ausführlich beschrieben wird. Die Chance der Realisierung wird dadurch gesteigert, da von Anfang an ein potentieller Kunde an der Konzeptentwicklung mitwirkt und damit partnerschaftlich beide Seiten an der Ausgestaltung des Programms teilhaben können. Wichtig ist, dass der Gewinn für beide Kooperationspartner von Anfang an klar ersichtlich ist.

Wie plant man nun die Umsetzung für eine solche Weiterbildung?

Aus der Erfahrung mit „switch – die andere Seite®" sind folgende Punkte zu berücksichtigen:

- Klare Zeitschiene:
  Es muss ein fester eindeutiger Termin festgelegt werden, an dem die 1. Woche der Weiterbildung starten soll. Daraus ergeben sich dann einige Meilensteine zu der Frage: was muss wann von wem erledigt sein, um diesen Termin einhalten zu können? Nicht zu vernachlässigen sind Termine der Reflexion. Bei diesen Treffen wird überprüft, ob das Konzept noch stimmig ist und die Planung der Umsetzung noch im zeitlich „grünen" Bereich liegt.

- Sicherung von personellen Ressourcen:
  Die Realisierung kann nur erfolgen, wenn beim Anbieter die dafür notwendigen personellen Ressourcen für die Durchführung vorhanden sind. Die Weiterbildung kann nicht einfach nebenbei vorbereitet, begleitet und nachbereitet werden.

- Finanzplanung:
  Es muss geklärt werden, in welcher Höhe Gebühren für die Teilnahme an dieser Weiterbildung anfallen sollen. Dabei ist zu beachten, dass der Gebührensatz eine Aufwandsentschädigung für die teilnehmenden Einrichtungen ebenso enthält wie einen Ersatz für die Ressourcenbereitstellung beim Anbieter.

- Erfolgskontrolle:
Im Rahmen der Planung wird ebenso festgelegt, aufgrund welcher Faktoren die Weiterbildung als erfolgreich bewertet werden kann. Beide Partner sollten hierüber Einigkeit erzielen, denn es wäre fatal, wenn in der Außendarstellung der Weiterbildung jede Seite entgegengesetzte, sich ausschließende Faktoren als Erfolgsfaktoren ansehen würde.

- Kompetenzklärung:
Zu unterscheiden ist hier zwischen den Kompetenzen
  – der Anbieterseite,
  – der AnsprechpartnerInnen der Einrichtungen
  – und aus den Firmen .

Auf der Anbieterseite sind neben den fachlichen Kompetenzen, die durch die Studiengänge der Sozialpädagogik bzw. zum Verwaltungswirt erworben werden, vor allem Vernetzungskompetenz, Berufserfahrung aus unterschiedlichen sozialen Arbeitsfeldern sowie Kompetenzen aus den Bereichen Personalwesen, Finanzen und Verwaltung notwendig. Darüber hinaus ist es empfehlenswert, dass die Mitarbeitenden persönliche Erfahrungen aus dem Bereich des Bürgerschaftlichen Engagements – der ehrenamtlichen Arbeit – mitbringen und über Ausführungs-, Entscheidungs- und Führungskompetenz verfügen. Die Kenntnis um die „Szene" der lokalen sozialen Einrichtungen erleichtert die Arbeit wesentlich.

Die Ansprechpartner in den sozialen Einrichtungen benötigen ebenfalls diese für den Anbieter genannten Kompetenzen. Darüber hinaus sollte bei ihnen Team- und Ausbildungskompetenz ausgeprägt vorhanden sein und ein ganzheitlicher Ansatz vertreten werden.

Bei den Ansprechpartnerinnen und Ansprechpartnern in den Firmen sind Personalentwicklungskompetenz, Erfahrungen aus dem Bereich der Erwachsenenbildung, Vernetzungskompetenz sowie Durchsetzungsvermögen wichtig.

Bereits in der Planung sollten auch folgende Fragestellungen und Aspekte geklärt werden:

1. Welche soziale Einrichtung ist für die Weiterbildung geeignet?

Die folgenden Kriterien zur Auswahl der teilnehmenden Einrichtungen an der Weiterbildung sind als Anlage auch Bestandteil eines Lizenzvertrages des Anbieters für Anbieter in anderen Städten, die diese Weiterbildung unter dem gleichen Namen aufbauen wollen:

- Die an der Aktionswoche mitwirkenden Einrichtungen arbeiten bereits mit Ehrenamtlichen und/oder bieten Möglichkeiten zu ehrenamtlichem Engagement.
- Die Einrichtungen sind offen und tolerant gegenüber Menschen aus anderen Berufswelten.
- Die an der Aktionswoche mitwirkenden Einrichtungen können für die gesamte Aktionswoche eine kontinuierliche und kompetente Begleitung für die TeilnehmerInnen gewährleisten.
- Die Qualität der mitwirkenden Einrichtungen ist bei der Sozialverwaltung bekannt und dort anerkannt.
- Für auftretende organisatorische und persönliche Probleme steht während der Aktionswoche eine feste Ansprechperson beim Anbieter der Fortbildung zur Verfügung.
- Die Teilnehmenden erhalten ausführliche Informationen über die sozialen Einrichtungen.
- Die Teilnehmenden erhalten ausführliche Informationen über den Ablauf und die Inhalte der Aktionswoche.
- Die Anbieterin organisiert und moderiert Vorbereitungsveranstaltung, Feedbacks Runden und das Follow-up-Gespräch.
- Durch kontinuierliche Beurteilung der Weiterbildung durch die Teilnehmenden und die mitwirkenden Einrichtungen wird gewährleistet, dass Fehler und Mängel frühzeitig erkannt und behoben werden können. Sinnvolle Weiterentwicklungen werden so ebenfalls möglich.
- Wer erstellt die Kurzprofile der zur Verfügung stehenden Einrichtungen?
  Da aus den Kurzprofilen vor allem die Philosophie der Einrichtung, ihr Aufgabenspektrum und die Ansprechperson hervorgehen soll, ist dies eindeutig als eine Aufgabe der Einrichtung zu bewerten. Redaktionelle Unterstützung erhält die Einrichtung durch den Anbieter.

2. *Plan über den konkreten Verlauf der Aktionswoche in der Einrichtung (sog. Stundenplan):*

Dieser wird von der Einrichtung erstellt. Der Anbieter prüft eingehend, ob die Einrichtung dem/der TeilnehmerIn genügend konkrete selbstständige Aufgabenerledigung ermöglicht, nimmt dazu gegebenenfalls Rücksprache mit der Einrichtung und ergänzt bzw. korrigiert den Plan.

3. *Welche Mitarbeiterinnen und Mitarbeiter einer Firma werden für welchen Termin dem Anbieter gemeldet?*

Die Auswahl der Teilnehmerinnen und Teilnehmer erfolgt eigenständig durch die AnsprechpartnerInnen in den Firmen. Sie sind dafür verantwortlich, dass die TeilnehmerInnen die Bedingungen erfüllen und für diese Form der Weiterbildung geeignet sind. Sinnvollerweise werden mit den BewerberInnen sogenannte Eignungsgespräche geführt. Dabei wird auf die Hintergründe zur Meldung und die persönliche Situation der Interessierten eingegangen, um für die Teilnahme kritische Faktoren feststellen zu können. Erfahrungen haben gezeigt, dass Menschen in kritischen persönlichen Situationen eine solche Weiterbildung erst wieder wahrnehmen sollten, wenn sie psychisch stabilisiert sind.

4. *Die Vorbereitungstreffen:*

Hier stellen sich die Fragen: Wer lädt ein? Wo findet das Treffen statt? Wer moderiert das Treffen? Wer gibt welchen Input bei der Veranstaltung?

Eingeladen wird immer von Seiten des Anbieters. Diese Einladung erfolgt schriftlich und enthält die Kurzprofile und „Stundenpläne" aller zur Verfügung stehenden Einrichtungen sowie ein sogenanntes Kursbuch, das während der Einsatzwoche als Tagebuch von den Teilnehmenden geführt werden soll. Die vielen fremden Eindrücke können so besser verarbeitet werden und geraten auch nicht in Vergessenheit. Außerdem werden mit der Einladung die Teilnehmer/innen gebeten, sich anhand folgender Fragen auf die Veranstaltung vorzubereiten:

- Warum möchte ich an dieser Weiterbildung teilnehmen?
- Bei welcher Einrichtung würde ich am liebsten arbeiten (Erstellen einer Prioritätenliste)?

In der ersten Zeit der Realisierung dieser Weiterbildung wurden diese Vorbereitungsveranstaltungen bei der Firma abgehalten, da alle Teilnehmerinnen und Teilnehmer aus der gleichen Firma kamen. Dies hat sich zwischenzeitlich geändert, da die Teilnehmenden verschiedenen Firmen angehören und so wird der Veranstaltungsort auch vom Anbieter festgelegt.

Die Moderation erfolgt immer durch den Anbieter, ebenso der Input über die Hintergründe der Weiterbildung und seine Philosophie. Die AnsprechpartnerInnen aus den Firmen zeigen auf, welchen Nutzen sie für die Firma in dieser Weiterbildung sehen, warum es der Firma wichtig ist, eine solche Weiterbildung ihren Mitarbeiterinnen und Mitarbeitern zu ermöglichen.

Als notwendig hat sich zwischenzeitlich auch herauskristallisiert, dass die Teilnehmerinnen und Teilnehmer bei diesem Treffen erklären, ob sie auch für die Medien als InterviewpartnerInnen zur Verfügung stehen. Nicht jeder Mensch mag seine Erfahrungen in der Öffentlichkeit darstellen und dies ist auch unbedingt zu respektieren.

Während dieses Treffens besteht auch die Möglichkeit, Fragen zu den einzelnen sozialen Einrichtungen zu stellen.

Das Ende des Treffens bildet dann die Entscheidung, wer in welcher Einrichtung arbeiten wird. Diese Entscheidung erfolgt im Rahmen eines Gruppenprozesses. Wenn man nun glaubt, dass dies äußerst schwierig und langwierig sein muss, kann beruhigt werden. Die Erfahrungen haben gezeigt, dass die Teilnehmerinnen und Teilnehmer es bisher immer geschafft haben, sich innerhalb einer Sequenz von maximal eineinhalb Stunden zu einigen. Dies hängt von der Gruppengröße, den Interessenüberlagerungen und der Kommunikationsbereitschaft ab. Sicherlich ist es nicht immer die Priorität 1, die bei den einzelnen zum Zuge kommt, doch ist bisher kein Fall bekannt geworden, dass sich die gewählte Einrichtung als nicht für den Teilnehmenden geeignet herauskristallisiert hätte.

5. Informationstreffen zwischen TeilnehmerIn und Einrichtung:

Um am ersten Weiterbildungstag nicht ganz fremd in die Einrichtung zu kommen, findet in der Woche vor der Aktionswoche immer ein ca. einstündiges Informationstreffen zwischen den jeweiligen Teilnehmenden und der Einrichtung gemeinsam mit dem Anbieter statt. Es werden hier sowohl organisatorische Fragen geklärt, als auch die räumlichen Gegebenheiten gezeigt.

6. Während der Aktionswoche:

Für die Teilnehmerinnen und Teilnehmer bestehen während dieser Woche Supervisionsmöglichkeit sowohl in der Einrichtung als auch in Einzelfällen durch den Anbieter, der sich mit den Teilnehmerinnen und Teilnehmern und den Einrichtungen in Verbindung setzt, um den Stand der Weiterbildung abzufragen, aber auch um darauf zu achten, dass die Aktivitäten tatsächlich stattfinden und die Zusammenarbeit zwischen Einrichtung und TeilnehmerIn konstruktiv ist.

7. Nach der Aktionswoche:

Direkt im Anschluss an die Aktionswoche findet ein Treffen statt, in dem die TeilnehmerInnen sich gegenseitig ihre Erfahrungen berichten, austauschen und auch darstellen, was sie in der Woche gelernt haben.

Sie schreiben an sich selbst einen Brief, der enthält, wie sie das Erlernte in ihren Arbeitsalltag integrieren wollen. Dieser Brief wird den TeilnehmerInnen mit der Einladung zu einem Gespräch ca. ein viertel Jahr später zugesandt.

In diesem sogenannten Follow-up-Gespräch geht es vornehmlich darum, ob die gestellten Ziele erreicht werden konnten, welche Hindernisse es gab und wie diese gemeistert werden können. Am Ende dieser Veranstaltung erhalten die TeilnehmerInnen ihre Teilnahmezertifikate.

Getrennt von den TeilnehmerInnen erhalten auch die Einrichtungen die Möglichkeit, in einem gemeinsamen Gespräch mit dem Anbieter ihre Erfahrungen auszutauschen und Anregungen zum Ablauf zu formulieren.

Parallel zu den konkreten Vor-, Durchführungs- und Nacharbeiten der Weiterbildung muss sich der Anbieter mit folgenden Aspekten beschäftigen:

- *Akquise von Firmen und Einrichtungen:*
  Diese Aufgabe ist zeitaufwändig und schwierig. Zum einen müssen in den Firmen die richtigen AnsprechpartnerInnen gefunden werden, sei es aus dem Bereich Unternehmenskommunikation oder Personalentwicklung. Das Konzept muss prägnant präsentiert werden und es muss den Ansprechpartnerinnen und Ansprechpartnern die Sinnhaftigkeit und der Nutzen für das Unternehmen einleuchten. Von Vorteil ist, wenn bei der Vorstellung des Konzeptes eine Ansprechperson aus einer bereits teilnehmenden Firma mit teilnehmen kann, um die Erfahrungen aus der Praxis zu vermitteln.
  Die Akquise von Einrichtungen gestaltet sich zwischenzeitlich einfacher, da einige Einrichtungen durch bereits für die Weiterbildung arbeitende Einrichtungen vom Nutzen überzeugt sind und sich deshalb beim Anbieter um Aufnahme selbst bemühen.
- Öffentlichkeitsarbeit:
  Das Medieninteresse ist auch nach nunmehr vier Jahren Laufzeit groß. Um jedoch Einrichtungen und Teilnehmerinnen und Teilnehmer nicht damit zu überfrachten, sollte die Öffentlichkeitsarbeit gelenkt vorgenommen werden.
  Anbieter und Ansprechperson in den Firmen besprechen mit den Medien die Reportagen immer vor. Gerade im Fernsehbereich ist notwendig, klar zu machen, dass die Kameraführung die Persönlichkeitssphäre der Menschen nicht verletzt. In den Vorgesprächen wird auch auf die Sensibilität der Weiterbildung hingewiesen.

Pro Weiterbildungstermin wird nur eine Reportage zugelassen, um den Programmablauf in der Einrichtung nicht zu sehr zu stören.

Es muss immer darauf geachtet werden, dass die zuständigen Stellen für Öffentlichkeitsarbeit beim Anbieter und den Unternehmen einbezogen sind und ihr Einverständnis gegeben haben. Außerdem muss jede Einrichtung ihre Erlaubnis erteilen.

- Vertragsverhandlungen:

Um die Stabilität und Planungssicherheit für das Weiterbildungsprogramm zu erhalten, ist es notwendig, möglichst langfristige Verträge mit den Firmen zu erhalten. In diesem sind die Modalitäten zur Durchführung des Programms für einen bestimmten Zeitraum festzulegen wie zum Beispiel die Anzahl der Teilnehmerinnen und Teilnehmer pro Jahr, die Höhe der Teilnahmegebühr, Vertragsdauer (z.B. drei Jahre) und Kündigungsmöglichkeiten.

Der Name dieses Weiterbildungsprogramms wurde zwischenzeitlich markenrechtlich geschützt. Damit ist verbunden, dass Anbieter, die dieses Weiterbildung unter dem gleichen Namen vertreiben wollen, dies nur dürfen, wenn sie durch das Sozialreferat München als Anbieter von „switch – die andere Seite®" einen sog. Lizenzvertrag unterschreiben. In diesem verpflichtet sich der potentielle Anbieter, bestimmte Qualitätskriterien zum Konzept und zur Durchführung des Programms einzuhalten, die bei Nichteinhaltung zum Verlust der Lizenz und im Falle der ungenehmigten Verwendung des Namens zu Schadensersatzansprüchen führen kann.

Die konkreten Erfahrungen aus vier Jahren Umsetzung

1. Zahlen und Fakten:

Seit Beginn der Weiterbildung im November 1999 haben insgesamt 64 Führungskräfte daran teilgenommen (Stand 31.12.2002), davon 86 % Männer und 14 % Frauen. Dieser massive Unterschied erklärt sich daraus, dass Frauen aufgrund ihrer Sozialisation, ihrer Erziehung und teilweise auch durch die zusätzliche Aufgabe als Mutter ihre sozialen Kompetenzen bewusster leben und deshalb die Weiterbildung für sich nicht als notwendig erachten.

War am Anfang nur ein Unternehmen beteiligt, so sind es zwischenzeitlich vier Firmen – einschließlich der Landeshauptstadt München als öffentlich-rechtlicher Arbeitgeber. Gerade diese branchenübergreifende Mischung wird von den Teilnehmerinnen und Teilnehmern als interessant und aufschlussreich empfunden. Über die eigentlichen Inhalte der Weiterbildung hinaus erfolgt so auch ein Wissensaustausch über den Arbeitsalltag in den verschiedenen Branchen, der als befruchtend angesehen wird.

2. Die Resonanz der Teilnehmerinnen und Teilnehmer:

Die Teilnehmerinnen und Teilnehmer wurden ab Mai 2000 regelmäßig zur Qualität der Fortbildung befragt. 85 % der Befragten gaben eine Rückmeldung. Auf einer fünfstufigen

Bewertungsskala bewegten sich die Bewertungen alle im Bereich sehr gut und gut. Konkret erhielt das Sozialreferat München folgende Rückmeldungen:

- 81 % beurteilen den Verlauf der Aktionswoche mit sehr gut, 19 % mit gut.
- Die Qualität der Begleitung und Beratung während der Aktionswoche in den sozialen Einrichtungen wird von 79 % der antwortenden Teilnehmerinnen und Teilnehmer mit sehr gut bewertet und von 21 % mit gut.
  Dabei wurde vor allem die offene Gesprächsatmosphäre, das große Engagement und die gute Integration in die Arbeit und in das Team hervorgehoben.
- Zur Qualität der Zusammenarbeit mit dem Sozialreferat München, befragt bewerteten die Teilnehmerinnen und Teilnehmer zu zwei Drittel diese sehr gut und zu einem Drittel mit gut. Dabei schätzten die Führungskräfte insbesondere die ansprechende und professionelle Organisation, das hohe Engagement, die Offenheit und die Begleitung mit dem Fokus darauf, die Belastung für die einzelnen TeilnehmerInnen nicht zu groß werden zu lassen.
- Da immer wieder von den Teilnehmerinnen und Teilnehmern der Wunsch geäußert wurde, über die Fortbildung hinaus untereinander und mit dem Sozialreferat im Gesprächsaustausch zu bleiben, fand im Dezember 2002 erstmalig ein Treffen mit allen bisherigen 64 Teilnehmerinnen und Teilnehmern statt, mit dem Ziel, eine Netzwerkbildung zu ermöglichen und zu unterstützen. Diese Veranstaltung wurde sehr positiv aufgenommen.
- Zwei Drittel aller Teilnehmerinnen und Teilnehmer seit 1999 engagieren sich auch weiterhin für soziale Themenstellungen in unterschiedlichster Form, sei es projektbezogen zum Beispiel der Gestaltung der Homepage einer sozialen Einrichtung oder der Organisation sog. Events zugunsten von sozialen Einrichtungen oder aber auch in Form von regelmäßigem Engagement zum Beispiel in der Bahnhofsmission, der Teestube Komm oder der Münchner Aidshilfe. Dieses Engagement rührt daher, dass die Führungskräfte während der Fortbildung auch erfahren, dass bürgerschaftliches Engagement notwendig ist um ergänzend zu den professionellen Kräften an der Lösung sozialer Problemstellungen in der Stadtgesellschaft mitzuarbeiten und es sich dabei um eine sinnvolle und sinnstiftende Tätigkeit handelt, die die eigene Persönlichkeit in neuer Form fordert, fördert und damit bereichert.
- Befragt zum Transfer des während der Aktionswoche Erfahrenen und Erlebten erklären die Teilnehmerinnen und Teilnehmer immer wieder, dass sie eine Horizonterweiterung erfuhren, dass sie zukünftigen Konfliktsituationen vorbeugen wollen dadurch, dass sie bei Spannungen rechtzeitig aktiv werden und nicht wegsehen. Durch die Sensibilisierung während der Aktionswoche sehen sie sich eher in der Lage, Anzeichen von Krisen ihrer Mitarbeiterinnen und Mitarbeiter schneller zu erkennen und früher das klärende Gespräch zu suchen.

Durch angemessenes Eingehen auf die Anliegen ihres Arbeitsteams verbessern sie das Arbeitsklima, stärken damit die Teamfähigkeit und unterstützen die Arbeitsmotivation im Team.

- Die persönlichen Erfahrungen werden von den Teilnehmerinnen und Teilnehmer sehr unterschiedlich dargestellt. Bei den einen brachte die Fortbildung einen neuen Umgang mit fremden und eigenen Wertevorstellungen, andere sahen den Gewinn in den pragmatisch-praktischen Handlungselementen (z. B. Tipps zur Verbesserung eines Arbeitsklimas, Gesprächsführungstechniken).

Alle Teilnehmenden sind sich einig, dass ihnen die Fortbildung einen persönlichen Gewinn brachte. Dies belegen folgende Statements:

- „Ich werde meine Kontaktpflege zu Mitarbeitern verändern. Da arbeitet man jahrelang oberflächlich mit Leuten zusammen, ohne sie eigentlich zu kennen."
- „Menschen stehen im Vordergrund, nicht Kennzahlen."
- „Sozialer Abstieg kann ja so verflixt schnell gehen … wenn man da niemanden hat, ist man ganz schnell unten."

Führungskraft von Siemens in der Teestube „Komm"

3. Die Resonanz der sozialen Einrichtungen:

Die zwischenzeitlich über vierjährige Durchführung der Weiterbildung zeigt, dass die Einrichtungen intensiv auf die Aktionswoche vorbereitet werden müssen. Allen sich für diese Weiterbildung engagierenden Einrichtungen ist bewusst, welchen Gewinn auch sie durch die Mitwirkung an der Weiterbildung haben. Er stellt sich folgendermaßen dar:

- Im Rahmen der konkreten Unterstützung der Arbeit wird der Einsatz der Führungskraft als konkrete Hilfe beim Umgang mit dem Klientel gesehen, die die Arbeitssituation der Mitarbeiterinnen und Mitarbeiter in der Einrichtung entlastet. Es werden Arbeiten übernommen, für die trotz ihrer Sinnhaftigkeit und Notwendigkeit aufgrund der Zeitintensität sonst kein Platz ist (Organisation und Begleitung von Ausflügen etc.).
- Aufgrund der Fachlichkeit der Teilnehmerinnen und Teilnehmer wird die Einrichtung unterstützt. Durch die „Draufsicht" Externer, die aus einer anderen fremden Fachlichkeit kommen, werden Zeichen von „Betriebsblindheit" aufgedeckt und Abläufe und Verfahren in der Organisation der Einrichtung kritisch beleuchtet, so dass eine Optimierung erfolgen kann.
- Durch die Weiterbildung wird die Toleranz gegenüber den sozialen Arbeitsbereichen und seinem Klientel gefördert. Vorurteile und Berührungsängste werden durch die Arbeit in der Einrichtung abgebaut.
- Mit der Teilnahme an der Weiterbildung erhalten die Führungskräfte auch die Möglichkeit, sich in unterschiedlichster Form bürgerschaftlich im sozialen Bereich zu engagieren und dies beschränkt sich nicht nur auf die Einrichtung, in der die Führungskraft ihre Weiterbildung absolvierte.
- Die Einrichtungen schätzen auch die Verknüpfungsarbeit, die von den Teilnehmerinnen und Teilnehmern geleistet wird. Sie fördern beispielsweise die Zusammenarbeit zwischen Firmen und sozialen Einrichtungen sowie kommunalpolitischen Entscheidungsträgern. Durch diese verbesserte Kommunikation zwischen den Akteuren können die Anliegen der sozialen Einrichtungen zügiger gelöst werden. Auch die Multiplikatorenfunktion der teilnehmenden Führungskräfte darf in ihrer Wirkung nicht unterschätzt werden. Die Führungskräfte leisten hier wichtige Lobbyarbeit für die sozialen Einrichtungen und deren Themenschwerpunkte. Dabei werden Berührungsängste abgebaut und neue Denkprozesse sowie Engagementbereitschaft angestoßen.

Was trägt zum Gelingen eines solchen Weiterbildungsprogramms bei?

Zwei wichtige Faktoren für das Gelingen einer solchen Weiterbildung als Beispiel eines gelebten corporate citizenship sind Aufgeschlossenheit und Mut auf allen Seiten, neue Wege einzuschlagen.

Für eine Stadtverwaltung, die als Anbieterin fungiert, heißt dies, die notwendigen Rahmenbedingungen zu fördern wie der Aufbau einer bedarfsgerechten Infrastruktur, die Förderung von Freiwilligenagenturen, die Unterstützung bzw. Organisation von Fachforen, das zur Verfügung stellen von Raum für Engagement und Kreativität und vieles mehr. Außerdem ist sie aufgefordert, im Rahmen einer gestaltenden Sozialpolitik Akteure aus verschiedenen Bereichen zueinander zu bringen.

Eine Kommunalverwaltung, die ein solches Programm anbieten möchte, muss bereit sein, eine Vernetzung zwischen dem sozialen Bereich und Wirtschaftsunternehmen aktiv zu sichern (vgl. dazu Leitbild der Kommunalverwaltung; Selbstverständnis der Sozialverwaltung; Zielvereinbarungen).

Firmen, die in diesem Bereich aktiv sein wollen, müssen den Nutzen für sich auch in den sogenannten „weichen" Faktoren (z. B. Motivation der Mitarbeiterinnen und Mitarbeiter, soziale Kompetenz), die sich mittelbar auf die Kostensituation einer Firma positiv auswirken können, erkennen.

Sie müssen sich ihrer gesellschaftlichen Verantwortung bewusst sein, sich nicht als Insel, sondern als Teil der kommunalen Gesellschaft (vgl. Leitbild des Unternehmens; Philosophie des Unternehmens) verstehen und bereit sein, deshalb gesellschaftliche Verantwortung im Sinne von corporate citizenship zu übernehmen.

Für alle Beteiligten muss der Gewinn deutlich werden und alle Beteiligten müssen mit ihren Kompetenzen anerkannt werden. Eine partnerschaftliche Kooperation und ein respektvoller Umgang miteinander tragen wesentlich zum Erfolg eines solchen Weiterbildungsprojektes bei. Vor allem aber braucht es dazu auf allen beteiligten Seiten Menschen, die, so Egon Endres (2000) „Grenzgänger sind und ausgeprägte soziale Intelligenz aufweisen".

Ute Bertel

Jahrgang 1957,
1976 Abitur am sozialwissenschaftlichen Käthe-Kollwitz-Gymnasium in München, Studium an der Beamtenfachhochschule Bayern zur Diplomverwaltungswirtin (FH), von 1991 bis 2002 tätig bei der Landeshauptstadt München, Geschäftsleitung/Sozialplanung als Mitarbeiterin im Team Förderung der Selbsthilfe, dann Leiterin des Sachgebietes Förderung des bürgerschaftlichen Engagements, seit September 2002 Mitarbeiterin beim Direktorium der Landeshauptstadt München, zentrales Controlling/Steuerungsunterstützung.
Seit Juni 2003 Mitglied des Sprecherrats des Bundesnetzwerkes Bürgerschaftliches Engagement.
Mitarbeit an der wissenschaftlichen Untersuchung zum Thema „Was Selbsthilfe leistet … ökonomische Wirkungen und sozialpolitische Bewertungen"; verschiedene Vorträge und Fachartikel zu den Themen förderliche Rahmenbedingungen für Selbsthilfe und Bürgerschaftliches Engagement.

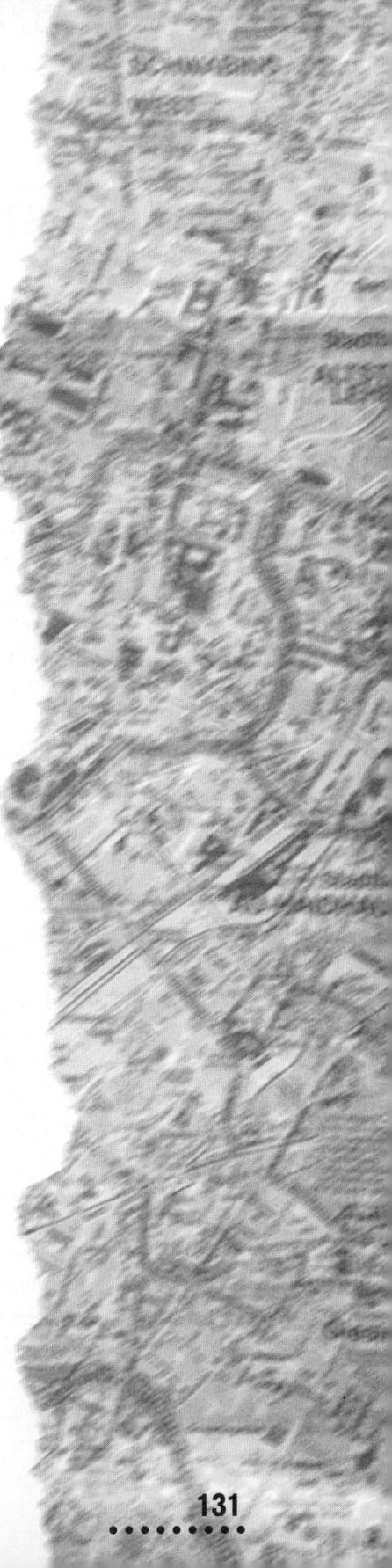

Fazit und
Ausblick

Karin Feige, Barbara Deubzer

4. Fazit und Ausblick

Die einzelnen Artikel lassen sich nach folgenden Zielgruppen ordnen:
Bei zwei Beiträgen lag der Fokus auf Maßnahmen und Aktionen mit Jugendlichen (An-Statt und Out of Munich). Dann beschrieben zwei Artikel, Zusatzangebote im Ausbildungsbereich (City Bound mit Schulen und an der Uni) und der fünfte Artikel verdeutlichte eine Qualifizierungsmaßnahme im Bereich Führungskräftetraining bei wirtschaftlichen Unternehmen.

Das Projekt An-Statt zeigte deutlich, dass die negative Selbsteinschätzung der Hauptschülerinnen die Berufssuche erschwerte. Neben einem geringen Selbstwertgefühl und eher negativen Erfahrungen im Umgang mit anderen Menschen, disqualifizierten sie sich selbst sehr schnell als „Verlierer der Gesellschaft". Das Projekt ermöglichte durch intensive Erfahrungen, ihre Selbstwahrnehmung zu verändern und die persönliche Kommunikationsfähigkeit auszuprobieren. Positive Erfolge und Rückmeldungen von Fremden während den Aktionen verdeutlichten, dass sie von den Passanten als Gesprächspartnerinnen angenommen und ihre Bedürfnisse anerkannt wurden. Das Selbstvertrauen stieg und die Teilnehmerinnen erkannten, dass sie mehr Fähigkeiten besaßen, als sie vorher glaubten. So formulierten sie am Ende der Aktion selbst ihre Lernerfolge und fühlten sich besser qualifiziert, kommenden Bewerbungssituationen erfolgreich zu begegnen.

„Out of Munich" beschrieb eine Eintagesaktion mit Schulklassen. Es zeigte sich, dass eine alternative Stadtrallye neben den Faktoren Spaß, Abenteuer und Erweiterung der Kenntnisse über eine Stadt auch noch auf der sozialen Ebene wirkt. Die Jugendlichen nahmen sich anders wahr und der Klassenzusammenhalt veränderte sich auf positive Weise. Hier wurde eine Aktion vorgestellt, die in einem längerfristigen Projekt gut eingebaut werden kann, da Tagesaktionen keine bis geringe Nachhaltigkeit aufweisen und der Transfer in den Alltag nur punktuell sein kann.

City Bound mit Schulen und an der Uni zeigte deutlich, dass Praxisorientierung wichtig für die TeilnehmerInnen war. Durch das eigene Ausprobieren und Testen von Fähigkeiten vertieften sich theoretische Inhalte und wurden nachhaltig vermittelt. Vorurteile wurden abgebaut, eigene Grenzen überwunden und neue Verhaltensmuster ausprobiert. Die Freiwilligkeit, Freizeit für das Projekt zu „opfern" war vorhanden und Eigenverantwortung übernahmen sie sehr schnell. Spielerisch und aktiv wurden die sozialen Kompetenzen trainiert und es machte den TeilnehmerInnen auch noch Spaß. An der Uni konnte durch dieses

Projekt eine Weiterqualifizierung angehender PädagogInnen erreicht werden. Sie erkannten die Potentiale des Ansatzes und erhielten neue Ideen, später in ihrem eigenen Arbeitsfeld Projekte zu initiieren. Gleichfalls trugen die Tage dazu bei, ihre eigenen Fähigkeiten im empathischen Umgang mit anderen Menschen – den sie später tagtäglich haben – auszuprobieren und zu stärken.

Bei „switch – die andere Seite®" stand sehr stark der Vernetzungsgedanke und der synergetische Effekt im Vordergrund. Unterschiedliche Institutionen und Einrichtungen – hier soziale Einrichtungen und ein Wirtschaftsunternehmen – förderten sich durch dieses Projekt gegenseitig. Die Führungskräfte erkannten die effektive und zielorientierte Arbeit, den Druck, dem diese Institutionen unterliegen. Sie erfuhren, dass in sozialen Einrichtungen viele Methoden für Konfliktlösung, Planung, Organisation, Zieldefinierung und Entscheidungsfindung vorhanden waren und eigneten sich einige Methoden an.
Die sozialen Institutionen erkannten, dass wirtschaftliche Unternehmen das bürgerschaftliche Engagement ernst nehmen und sie erhielten durch die betriebswirtschaftliche Fachkompetenz der Führungskräfte eine vielfältige Unterstützung. Darüber hinaus konnte auch in manchen Bereichen eigene Betriebsblindheit aufgedeckt werden. Somit war für beide Seiten eine Win-Win-Situation vorhanden.

Als Fazit ist somit festzustellen:

Durch die Beiträge wird deutlich, dass ein breites Spektrum von verschiedenen Lernfeldern möglich ist. Folgende gemeinsame Aspekte lassen sich herausarbeiten:

- Die TeilnehmerInnen überwinden die eigenen Grenzen und machen Aktionen, die sie so in ihrem Alltag nicht unternehmen würden. Dies bewirkt eine Erweiterung des eigenen Handlungsspielraumes und ermöglicht zukünftiges flexibles Agieren.
- Alle pädagogischen Ziele werden handlungsbezogen vermittelt. Durch eigenes Erleben erkennen die TeilnehmerInnen persönliche Strategien und Verhaltensmuster und können diese bei späteren Aktionen verändern. Es ist learning by doing vorhanden.
- Ein Perspektivenwechsel ist bei allen TeilnehmerInnen zu beobachten. Einige Vorurteile werden sichtbar und verändern sich. Barrieren zu Mitmenschen, zu Randgruppen und die eigene Überheblichkeit „so was kann mir nicht passieren", verwandeln sich in Empathie für andere und es ist eine verbindende Kommunikation möglich. Neue Ideen für den Umgang miteinander und für die eigene Lebensgestaltung entstehen.
- Kooperierende Einrichtungen (z. B. Schule / Jugendarbeit, Siemens / soziale Einrichtungen) profitieren vom Synergie-Effekt.

- Die Selbstverantwortung der TeilnehmerInnen wird bei City Bound Projekten stark gefordert. Die Unterstützung und Sicherheit durch pädagogische LeiterInnen ist während der Aktionen nur eingeschränkt vorhanden. So stärkt die Bewältigung der Aufgaben ihr Selbstwertgefühl und ihre Selbstsicherheit.
- Alle Aktionen haben einen hohen Herausforderungscharakter und bieten meistens das Gefühl eines „Abenteuers". Sie klingen spannend. Durch das offene Setting ist der Ausgang der Aktion nie gleich.

Ausblick von City Bound:

Aus den vorangegangenen Artikeln wird deutlich, dass der Ansatz City Bound sehr variabel einsetzbar ist. Wenn wir an die eingangs beschriebenen Feststellungen von Kurt Hahn denken, ist der Bezug zur heutigen Wertediskussion aktueller denn je. So spricht er von menschlicher Anteilnahme, ein Begriff der heute im Sinne von Empathie verwendet wird und eine Basis für Kommunikation, Kooperation, Teamfähigkeit und für Führungsverhalten darstellt.

Bürgerschaftliches Engagement wird in Deutschland vermehrt initiiert und teilweise von der Politik eingefordert. In anderen Ländern, wie Finnland und Schweden (persönliche Gespräche mit Führungskräften aus den entsprechenden Ländern) sind solche Projekte schon lange Bestandteil deren Firmenphilosophien. City Bound oder bürgerschaftliches Engagement wären kostengünstige Maßnahmen mit hohen gesellschaftspolitischen Effekten.

Der Ansatz City Bound ist selten im Spektrum von Qualifizierungsmaßnahmen vertreten und bleibt ein – unterschätztes – Angebot einzelner Anbieter. Dazu einige Mutmaßungen: Erlebnispädagogik in der Natur ist weitgehend bekannt und die Aktivitäten werden anerkannt. Eventuell ist Natur per se mit positivem Erleben verbunden (gute Luft, körperliche Bewegung, gesunde Betätigung). Der Erlebnispädagogik in der Stadt fehlt zunächst die positive Verbindung: Stadt – vor allem Großstadt – wird mit Stress, Hektik, Lärm und viel Verkehr assoziiert. Es erschließen sich nicht sofort die Potentiale, die die Stadt und die Aktionen bieten. Auch der Begriff „Erlebnis" wird heute, in Verbindung mit der Stadt, eher mit künstlichen Begriffen wie „Erlebnis-Shopping" oder „Erlebnisgastronomie" in Einklang gebracht und ad adsurdum geführt. Hinzu kommt, dass die Anbieter der zahlreichen „fun adventures" oft weniger Erlebnisse, als risikoreiche Wagnisse versprechen.
Erlebnispädagogik hat nichts mit blindem Aktionismus gemein. Ulf Händel hat gesagt: „Es ist die Aufgabe von Erlebnispädagogik, dem Leben das Geheimnis, das in der Moderne zu verschwinden droht, wieder zurückzugeben" (Dokumentation „City Bound" – Karin Feige).
So ist City Bound nur zu wünschen, dass eine Verbreitung in allen Bereichen stattfindet und seine „Geheimnisflüsterer" zahlreicher werden.

Ideenpool
für weitere
Aktionen

Barbara Deubzer

5. Ideenpool für weitere Aktionen

Die folgenden Beispiele sollen als Anregung und Ideengeber dienen. Denn City Bound lebt davon, dass situativ auf die Stadt eingegangen wird und die Aktionen gezielt nach der Gruppe und ihren Lernfeldern ausgewählt werden.

Liegt der Fokus auf Randgruppen bieten sich mannig-faltige Aufgaben zu diesem Thema an. z. B. Interviews, Übernachtungsprojekte, Gespräche mit Institutionen etc.
Auch bei Berufsqualifizierungen lassen sich sehr zielgerichtet Aufgaben entwickeln.

Dieser Hintergrund animierte uns, nur stichpunktartig Aktionen für unterschiedliche Gruppenphasen vorzustellen.

Wer sich im Bereich von Aktionen und Aufgaben mehr Ideen holen möchte, kann auf folgende Literatur zurückgreifen:

- Kooperative Abenteuerspiele (Rüdiger Gilsdorf, Günther Kistner 1997 und 2001)
- Adventure in the classroom (Mary Henton 1996)
- City Adventures (Dave Ruse 1996)
- Praktische Erlebnispädagogik (Anette Reiners 2004)
- Abenteuer Spiel (Christoph Sonntag 2004)

5.1 Kennenlernaktionen

Es handelt sich um eine Gruppe, bei der sich die TeilnehmerInnen noch nicht kennen. In dieser Gruppenphase ist es sinnvoll, unterschiedliche aktive Aktionen einzuflechten, um die TeilnehmerInnen spielerisch in Kontakt zu bringen.

Küchen-Baseball

Beschreibung:
Die Gruppe wird in zwei gleich starke Teams geteilt. Das eine Team ist das Wurfteam, das andere das Schlagteam. Die Aufgabe für das Schlagteam ist, wie beim Baseball, den geworfenen Softball mit einer Pfanne möglichst weit weg zu schlagen.

Das Wurfteam soll den Ball schnellstmöglich fangen und dann eine Schlange hintereinander bilden. Der Ball wird von der ersten Person durch die Beine nach hinten weitergegeben, die zweite Person nimmt den Ball an und übergibt diesen über Kopf der hinterstehenden Person. Diese gibt den Ball wieder durch die Beine weiter – so entsteht eine wellenförmige Bahn des Balles bis zur letzten Person in der Reihe. Diese ruft „Stopp", sobald sie den Ball erhält.

Das Schlagteam hat nach dem Wegschlagen des Balles die Aufgabe, schnell einen engen Haufen zu bilden. Die SchlägerIn muss die Gruppe umkreisen und jeder vollendete Kreis zählt als ein Punkt. Die SchlägerIn hat Zeit, Punkte zu sammeln, bis die Gegenmannschaft „Stop" gerufen hat.

Jeder vom Schlagteam soll einmal schlagen. Wenn die Schlagteamgruppe durch ist, werden die Teams gewechselt.

Material: ein mittlerer Softball, eine Küchenpfanne

Zeit: ca. 30 Minuten

Pädagogisches Potential: Kooperation, Aktion, Bewegung, Körperkontakt, Spaß, spielerisch die Barrieren abbauen, „Muntermacher"

People to people

Beschreibung:
Die Gruppe bewegt sich frei im Raum zur Musik. Wenn die Musik stoppt, bilden sich spontan Paare. Die LeiterIn sagt an, wie sich die Paare aus der Gruppe berühren sollen. So kann es heißen: z.B. „Nase zum Fuß". Beide Personen berühren gleichzeitig einen Fuß der anderen Person mit der eigenen Nase.

Material: CD-Player, schnelle Musik

Zeit: ca. 15 Minuten

Pädagogisches Potential: spielerische Berührung und Körperkontakt, Kooperation, Spaß

Achtung: Hier kann die Nähe sehr intensiv sein, daher auf die Bedürfnisse der Gruppe achten

Zwilling

Beschreibung:
Für diese Aktion suchen sich die TeilnehmerInnen eine PartnerIn. Sie einigen sich, wer von ihnen anfängt. Die BeginnerIn kann alles mögliche machen, die PartnerIn soll es sofort nachmachen. Angefangen von Grimassen, über Sportübungen, bis hin zum Laufen, Gehen, Gähnen – alles ist erlaubt. Nach einer bestimmten Zeit wechseln die PartnerInnen.

Material: keines

Zeit: ca. 15 Minuten

Pädagogisches Potential: intensiver Blick- und Handlungskontakt, Annäherung, Spaß, Koordination von Bewegung, genaues Beobachten

5.2 Aktionen am Anfang des Seminars in der Stadt

Aktionen mit dem Stadtplan:

Selbstständiges Erarbeiten einer Route

Beschreibung:
Die Gruppe teilt sich in Teams auf. Jedes Team erhält einen unvollständigen Stadtplan und Stifte. Der gemeinsame Zielpunkt wird allen Teams bekannt gegeben, doch die Routen dorthin verlaufen für jedes Team anders.
Die Aufgabe ist, die fehlenden Punkte, Straßennamen, Gebäude während dem Begehen der Route in den Stadtplan einzuzeichnen und diesen zu vervollständigen.
Am Schluss fügen die Teams die Stadtpläne zusammen und erhalten eine Übersicht der Umgebung.

Material: Stadtpläne, Stifte, Anleitung, Papier, evtl. Kamera

Zeit: abhängig von der Routenlänge und den Aufgaben, ca. 1–2 Stunden

Pädagogisches Potential: Lernen mit dem Stadtplan umzugehen, Orientierung, Beobachtung, Kommunikation, Kooperation, Kreativität

Weitere Möglichkeiten:
Eine Fotodokumentation zu machen; Umfragen zu bestimmten Plätzen einbauen; Wegbeschreibungen durch Fotos für die anderen Gruppen anfertigen lassen; die Route markieren, so dass andere Gruppen diese wiederfinden; etc.

Wie sieht mein Viertel aus?

Beschreibung:
In Kleingruppen zeichnen die TeilnehmerInnen einen Stadtplan der näheren Umgebung aus dem Gedächtnis. Es müssen nicht alle Straßennamen genannt sein, es können auch markante Punkte, Gebäude oder anderes eingetragen werden. Die Stadtpläne werden präsentiert und die anderen Gruppen sollen erraten, wo die eingezeichneten Orte zu finden sind.

Material: Papier, Stifte

Zeit: ca. 1 Stunde

Pädagogisches Potential: Kooperation, Kommunikation, Orientierung, Schulung der Beobachtungsgabe, Präsentation vor der Gruppe, Selbstvertrauen

Schau hin

Beschreibung:
Jede Gruppe erhält eine Kamera und einen Stadtplan mit eingezeichneter Route. Auf der Route fotografiert die Gruppe Detailaufnahmen von Gebäuden, Besonderheiten, Denkmälern, Türen etc. Die Bilder sind so aufgenommen, dass die Details erst mit Suchen bestimmbar sind.
Die Bilder und Stadtpläne tauschen die Gruppen aus. Jedes Team versucht nun, diese Details zu finden und zu benennen.

Material: Kamera, Stifte, Stadtpläne mit der Route

Zeit: ca. 2–3 Stunden

Pädagogisches Potential: Kooperation, Kommunikation, Beobachtungsgabe, Orientierung, Zusammenarbeit

Achtung:

Die Bilder können sehr schnell zu schwer aufgenommen werden. Vorher Regeln mit der Gesamtgruppe definieren.

Meine Stadt

Beschreibung:
Kleingruppen zu dritt oder viert beantworten Fragen zur Stadt, zu Einrichtungen, zu Besonderheiten, etc. Es sollen nur Fragen ausgesucht werden, die die TeilnehmerInnen im Gespräch mit Einwohnern lösen können. Meistens sind dies alte Sagen, Insidergeschichten oder alte Namen von Gebäuden. Ansonsten können Umfragen zu Besonderheiten gemacht werden – z. B. „die Isar und ihre Bedeutung für die MünchnerInnen", „Welcher ist der schönste U-Bahnhof der Stadt für die MünchnerInnen" etc. Sinnvoll sind Themenschwerpunkte und dazu mehrere Fragen. Die Ergebnisse werden möglichst interessant und spielerisch der Gesamtgruppe präsentiert.

Diese Aufgabe eignet sich sehr gut, um den TeilnehmerInnen einen ersten Eindruck der Stadt und deren Einwohner zu vermitteln. Der Herausforderungscharakter ist mittel.

Material: Kamera, Stifte, vorbereitete Fragen, Stadtpläne etc.

Zeit: 3 – 4 Stunden

Pädagogisches Potential: Kooperation, Kommunikation, Empathie, Selbstvertrauen, Flexibilität, Orientierung, Kontaktaufnahme, Mut, Herausforderung, etc.

Achtung: Um diese Aufgabe sinnvoll und interessant zu gestalten, muss sich die TeamerIn sehr gut in der Stadtgeschichte auskennen.

*Über den
Dächern von München*

Alternative Stadtführung

Beschreibung:
In Kleingruppen begehen die TeilnehmerInnen eine bestimmte Strecke und entwickeln eine alternative Stadtführung. Diese kann sein, dass sie Marsmenschen sind und Besonderheiten aus dem Erfahrungshorizont von Marsmenschen erklären, oder dass sie Archäologen sind ohne das Wissen der Jetztzeit und überlegen, was wozu gedient hat, etc. Jede Gruppe führt die anderen mit ihrer Stadtführung durch das erforschte Gebiet.

Material: Stifte, Papier, Stadtpläne

Zeit: Vorbereitungszeit ca. 1,5 Stunden; Führung ca. 30 min

Pädagogisches Potential: Kooperation, Kreativität, Präsentation, Selbstvertrauen, Kommunikation, Rollentausch, Orientierung, Beobachtung

5.3   Aktionen, die die Wahrnehmung fördern

Musik – Stadtführung

Beschreibung:
Kleingruppen nehmen mit einem Tonbandgerät charakteristische Geräusche auf einer bestimmten Strecke auf. Diese Geräusche dienen als akkustischer Stadtplan.
Die andere Gruppe versucht mit Hilfe der Tonbandaufnahme die Strecke zu finden.
Bitte vorher in der Gesamtgruppe Regeln definieren.

Material: Aufzeichnungsgeräte

Zeit: ca. 1 Stunde Vorbereitung, 30 min Durchführung

Pädagogische Potentiale: Wahrnehmung, Schärfung der Sinne, Orientierung, Kommunikation und Kooperation, Lachen

Blind

Beschreibung:
Ein professioneller BlindenführerIn ermöglicht GruppenteilnehmerInnen eine Stadt-
erkundung als Blinde. Der Herausforderungsgrad dieser Aktion wird vom BlindenführerIn
bestimmt, doch können S-Bahn fahren, Kaffee trinken, Besuch von öffentlichen Einrichtungen Inhalt sein. Orte, die z. B. eine blinde Person auch besucht.
Die TeilnehmerInnen stellen anschließend ihre Eindrücke und Gefühle der Gesamtgruppe vor.

Material: Kosten für den BlindenführerIn (ein BlindenführerIn mit zwei TeilnehmerInnen)

Zeit: 4 Stunden

Pädagogisches Potential: Vertrauen, Kooperation zwischen den Partnern, Entdeckung
einer anderen Welt, Sinnschärfung

Dieses Projekt paßt gut zur Thematik – Behinderung, andere Welten, Blindenschule etc.
und eignet sich gut als Baustein im Gesamtprogramm.

Blinde Karawane

Beschreibung:
Die TeilnehmerInnen bilden eine blinde Schlange und werden von den LeiterInnen zu einem
markanten Ort geführt. Die Besteigung eines Kirchturmes, entlang einer U-Bahnstation, im
Bahnhof, etc. wären für diese Aktion gut geeignet. Intensiver ist es, wenn sich die Geräusch-
kulisse ändert und / oder die Boden-
beschaffenheit (Hollerbach,
A., 1997).

Material: Augenbinden

Zeit: ca. 30 – 45 Minuten

Pädagogisches Potential:
Vertrauen in die Gruppe, Kontaktaufnahme mit der Stadt und den Gruppenmitgliedern, Schärfung der Wahrnehmung, Kooperation; eignet sich
gut am Anfang des Seminars

Blinde Schlange

Mr. X

Beschreibung:
Mehrere Kleingruppen starten zu Fuß von unterschiedlichen Standorten innerhalb eines begrenzten Spielfeldes (z. B. Stadtteil) oder in der ganzen Stadt um Mr. X zu finden. Ausgerüstet sind sie jeweils mit Stadtplan (idealer Weise eine Kopie auf einem kleinen Pinbord) Pinnadeln, einem Handy und der Rufnummer der sogenannten Zentrale. Ihre Aufgabe ist es nun, den mit

Münchner Untergrund-Bahnen

einem X am Rücken gekennzeichneten Mr. X aufzuspüren. Alle 7–10 Minuten kann jede Kleingruppe telefonisch mit der Zentrale Kontakt aufnehmen um Informationen über den derzeitigen Aufenthalt von Mr. X und den der anderen Kleingruppen zu bekommen. Mr. X telefoniert mit der Zentrale öfters um seinen Standort bekannt zu geben. Diese Informationen ermöglichen es mit etwas Geschick, Mr. X irgendwann in die Enge zu treiben und ihn mit einem deutlichen „Halt Mr. X" zu stellen.

Material: Je nach Spielvariante für jede Kleingruppe und Mr. X: Stadtplan bzw. Kopie eines Teilstadtplans auf einem Pinboard, verschiedenfarbige Pinnadeln und ein Handy bzw. eine Telefonkarte und ein Tagesticket für den öffentlichen Nahverkehr

Zeit: 1,5–3 Stunden, je nach Größe des „Spielfeldes"

Gruppengröße: ab 3 Kleingruppen mit mindestens je 3 TeilnehmerInnen

Pädagogisches Potential: Teamarbeit und Kommunikation in der Kleingruppe, Kooperation von Teams, die nicht in direkter Kommunikation miteinander stehen, Orientierung anhand eines Stadtplans, Orientierung/Kennenlernen einer Stadt, Spaß, Flexibilität

Variante: Das Spiel kann bei entsprechendem öffentlichen Verkehrsnetz auch ausschließlich unter Benutzung von öffentlichen Verkehrsmitteln und/oder mit öffentlichen Telefonzellen gespielt werden.

5.4 Reflexionsaktionen

Vernissage

Beschreibung:
Der Raum ist wie bei einer Vernissage gestaltet, leise Musik spielt im Hintergrund und die TeilnehmerInnen haben Getränke in der Hand. Auf verschiedenen Pinwänden stehen Fragen, welche die TeilnehmerInnen schriftlich beantworten oder einen Kommentar dazu schreiben. Nach einiger Zeit werden die Antworten gemeinsam ausgewertet und der Transfer vollzogen.

Material: Stifte, Musik, Pinwände, Getränke

Zeit: ca. 45 Minuten bis 1 Stunde

Vorbereitung zur Vernissage

5-Finger Reflexion

In welcher Beziehung stehe ich mit dem Thema/der Aktion?

Was hat mir gestunken?

Was ich noch sagen wollte?

Auf was möchte ich hinweisen?

Was fand ich Klasse?

Beschreibung:
Jeder Finger einer Hand steht für einen Auswertungspunkt. Der Daumen steht für: „Was fand ich Klasse?"; der Zeigefinger für „Auf was möchte ich hinweisen?", der Mittelfinger für „Was hat mir gestunken?", der Ringfinger für „In welcher Beziehung stehe ich mit dem Thema/der Aktion?" und der kleine Finger „Was ich noch sagen wollte?". So kann jede Person sich zum Thema äußern und hat die Sicherheit, dass nichts Wichtiges vergessen wird.

Material: die eigene Hand

Zeit: pro Person zwischen 5 – 10 Minuten

Schatzkästchen und Papierkorb

Beschreibung:
In der Kreismitte steht ein Schatzkästchen und ein Papierkorb. Schöne Erlebnisse, die tiefen Eindruck hinterlassen haben, kommen in das Schatzkästchen, frustrierende Eindrücke in den Papierkorb. Die TeilnehmerInnen schreiben ihre Eindrücke auf und lesen es kommentarlos der Gruppe vor.

Material: Stifte, zwei Kästchen, Papier

Zeit: ca. 45 Minuten

Variante: Die negativen Erlebnisse können auch verbrannt oder per Flieger von einem hohen Haus dem Wind übergeben werden.

Streichholzblitzlicht

Beschreibung:
Jede TeilnehmerIn bekommt ein Streichholz und hat solange Zeit zum Erzählen, wie das Streichholz brennt. Diese Methode eignet sich gut für ein kurzes Reflektieren der eigenen Befindlichkeit. Langes Reden wird verhindert.

Material: Streichhölzer

Zeit: pro Person ca. 2–3 Minuten

Mess-Skala

Beschreibung:
Die Aktionen können auf einer Mess-Skala mit einer horizontalen Linie sowie positiver und negativer Achse dargestellt werden. Die TeilnehmerInnen haben nun die Möglichkeit, die einzelnen Aktionen nach unterschiedlichen Kriterien zu bewerten. Danach kann sehr gut über die Bewertung gesprochen werden.

Material: Stifte, Klebepunkte, Pinwände

Zeit: ca. 45 Minuten bis 1 Stunde

Variante: Seile werden wie eine Mess-Skala auf den Boden ausgelegt und die TeilnehmerInnen stellen sich zu bestimmten Fragen an die entsprechende Position.

Bilderausstellung

Beschreibung:
Die während den Aktionen aufgenommenen Fotos werden wie bei einer Ausstellung präsentiert – die TeilnehmerInnen haben nun die Möglichkeit, die Bilder mit Gefühlen, Eindrücken oder hinsichtlich der Lernpotentiale schriftlich zu kommentieren. Anschließend folgt ein Gespräch.

Material: Sofortbild- oder Digitalkamera, Drucker, Pinwände, Stifte

Zeit: ca. 1–1,5 Stunden

Eiffelturm

Beschreibung:
Aus gefunden Gegenständen (z.B. Coladosen, Karton, Zigarettenschachteln, etc.) wird ein hoher Turm gebaut. Vorher beschriften die TeilnehmerInnen die Gegenstände mit sozialen Kompetenzen, die bei der Aktion benötigt wurden. Jede Person kann mehrere Gegenstände mitbringen. Mehrfachnennungen von Kompetenzen sind möglich und können dann mit den TeilnehmerInnen auf die Wichtigkeit und ihren Platz im Turm (z.B. Basis, Mittelbau, Spitze) besprochen werden. Gemeinsam wird anschließend der Turm errichtet.

Material: gefundene Gegenstände, Papier, Stifte, Tesafilm

Zeit: ca. 1–1,5 Stunden (Suche eingerechnet)

Kompetenzplan

Beschreibung:
Die Gruppe bekommt einen fiktiven Stadtplan, bei dem die Straßen auf einen Mittelpunkt zulaufen. Der Mittelpunkt ist mit dem eigenen Gruppenziel (z.B. Anstellung, Vorstellungs-gespräch, Projektplanung) beschriftet. Die Gruppe hat die Aufgabe, die Straßen mit den Fähigkeiten zu benennen, die zum Erreichen des Zieles notwendig sind. Entlang der Straßen können Gebäude eingezeichnet werden, die die dafür unterstützenden Aktionen wiederspiegeln. Diese Aktionen können schon stattgefunden haben oder noch stattfinden (Reflexion ← → Front loading).

Material: fiktiver Stadtplan, Stifte

Zeit: ca. 45 Minuten bis 1,5 Stunden

Literatur-
hinweise

Literaturhinweise

Kapitel 1

Crowther, Christina: Erleben im kalten Herzen der Städte. In: Paffrath, F. H. (Hrsg.):
Zu neuen Ufern. Internationaler Kongreß Erleben und Lernen. S. 164–171. Alling:
Sandmann. 1998.

Eichinger, Wolfgang: City Bound – Erlebnispädagogik in der Stadt. Alling: Sandmann. 1995.

Gierer, Frieder: City Bound. In: Kölsch, H. (Hrsg.): Wege moderner Erlebnispädagogik.
S. 197–212. Augsburg: ZIEL-Verlag. 1995.

Heckmair, Bernd; Michl, Werner: Erleben und lernen. Einstieg in die Erlebnispädagogik.
Neuwied: Luchterhand. 2002. 4., überarbeitete Auflage.

Richter, Christoph: Schlüsselqualifikationen. Alling: Sandmann. 1995.

Schiffer, Eckard: Warum Huckleberry Finn nicht süchtig wurde, Weinheim. Beltz 1993

Stöger, Gabriele: Besser im Team. Weinheim: Beltz.1996.

Weinert, Franz E.: Vermittlung von Schlüsselqualifikationen. In: Matalik, S., Schade, D.
(Hrsg.): Entwicklungen in Aus- und Weiterbildung, Baden-Baden: Nomos
Verlagsgesellschaft. 1998.

Recht und Versicherung – Barbara Deubzer und Klaus Umbach

Nikles, Roll, Spürck, Umbach: Jugendschutzrecht – Kommentar zum Jugendschutzgesetz
und zum Jugendmedienschutz – Staatsvertrag mit Erläuterungen zur Systematik und
Praxis des Jugendschutzes. Neuwied: Luchterhand Verlag. 2003.

Texte mit freundlicher Genehmigung des Hrsg. z. T. entnommen aus:
Ausbildung zum / zur Familiengruppenleiter/in im Deutschen Alpenverein – Praxismappe
Hrsg.: DAV, Familienbergsteigen, Von-Kahr-Str. 2–4, 80997 München, 11/2003.

Die Aufsichtspflicht gegenüber Kindern und Jugendlichen – aj Ratgeber
Hrsg.: Aktion Jugendschutz, Landesarbeitsstelle Bayern e.V., Fasaneriestr. 17, 80636
München.

Abenteuer im Großstadtdschungel – Karin Feige

Eichinger, Wolfgang: City Bound – Erlebnispädagogik in der Stadt. Alling: Sandmann. 1995.

Egger: Freiräume im Unterricht – Unterschätzt und überfordert, Innsbruck 1996.

Feige, Karin: City Bound Dokumentationen „Abenteuer im Großstadtdschungel" – 1995, „Frauen im Beruf" – 1997, „Suchtprävention"- 1999, zu beziehen: KJT Mooskito, Leipziger Strasse 2, 80992 München.

Michl, Werner: Erlebnispädagogische Praxis in der Schule, e&l, (6/95), (S. 172–176).

Out of munich – Andrea Niedermaier und Jiri Kadlec

Beyer/Haffke in: Becker, Franz. J.: Schule unterwegs, Bergisch-Gladbach: Thomas-Morus-Akademie. 1993.

Feldmann, Roland: Wo lernen Spaß macht. München: Don Bosco Verlag. 1993.

Kraus, Lydia; Schwiersch, Martin: Die Sprache der Berge. Augsburg: ZIEL-Verlag. 2005.

Niedermaier, Andrea: „Out of München" Gästeunterstützende Belegerprogramme an Jugendbildungsstätten 2003 unveröffentlichte Diplomarbeit.

Reiners, Annette: Praktische Erlebnispädagogik. Augsburg: ZIEL-Verlag. 2007.

Sonntag, Christoph: Abenteuer Spiel. Augsburg: ZIEL-Verlag. 2005.

Anstatt – Susanne Kaiser und Roland Wolff

Geißlinger, Hans (Hrsg.): Überfälle auf die Wirklichkeit: Berichte aus dem Reich der Story Dealer. Heidelberg: Carl-Auer-Systeme. 1999.

City Bound an der Uni – Maya Kandler und Barbara Deubzer

Crowther, Christina: Erleben im kalten Herzen der Städte. In: Paffrath, F. H. (Hrsg.): Zu neuen Ufern. Internationaler Kongreß Erleben und Lernen. S. 164–171. Augsburg: ZIEL-Verlag. 1998.

Gierer, Frieder: City Bound. In: Kölsch, H. (Hrsg.): Wege moderner Erlebnispädagogik. S. 197–212. Augsburg: ZIEL-Verlag. 1995.

Gräsel, Cornelia: Problemorientiertes Lernen. Göttingen: Hogrefe. 1997.

Heckmair, Bernd; Holtrop, Jan, van der Voort, C.: City Bound: „ Sich bewähren im Dickicht der Großstadt". In: Bedacht, A. u.a. (Hrsg.): Erlebnispädagogik: Mode, Methode oder mehr? S. 186–190. München: Fachhochschule, Fachbereich Sozialwesen. 1992.

Heckmair, Bernd; Michl, Werner: Erleben und lernen. Einstieg in die Erlebnispädagogik. Neuwied: Luchterhand. 2002. 4., überarbeitete Auflage.

Projekt Adventure (Hrsg.): ABC-Workshop Manuel, Adventure Based Counseling: Iowa: Kendall/Hunt Publishing Company. 1995.

Richter, Christoph: Schlüsselqualifikationen. Alling: Sandmann. 1995.

Wagner, Ursula: Lernen mit Leib und Seele. In: e & l, 8. Jahrgang (2000) 2, S. 13–16.

Weinert, Franz E.: Vermittlung von Schlüsselqualifikationen. In: Matalik, S., Schade, D. (Hrsg.): Entwicklungen in Aus- und Weiterbildung. S. 23–44. Baden-Baden: Nomos Verlagsgesellschaft. 1998.

Switch – Ute Bertel

Bertel, Ute: Das Beispiel der Stadt München: switch – die andere Seite(r). In: Rosenkranz, Doris, Weber, Angelika u.a. (Hrsg.): Freiwilligenarbeit. Einführung in das Management von Ehrenamtlichen in der Sozialen Arbeit. S. S. 227–235. Weinheim: Juventa. 2002.

Damm, Diethelm; Lang, Reinhard: Handbuch Unternehmenskooperation. Erfahrungen mit corporate citizenship in Deutschland. Bonn: Stiftung Mitarbeit. 2001.

Dettling, Warnfried: Die Stadt und ihre Bürger – Neue Wege in der kommunalen Sozialpolitik; Gütersloh: Bertelsmann. 2001.

Endres, Egon: Soziale Intelligenz – ein Wettbewerbsfaktor für Firmen. In: Sozialreferat der Stadt München (Hrsg.): Fachtagung: Soziales Engagement – eine interessante Herausforderung für Firmen. Beiträge zur Sozialplanung, 311. München: Sozialreferat der Stadt München, S. 67–73. 2000.

Hummel, Konrad: Projekte zwischen Eigennutz und Gemeinsinn – lernen für die Bürgergesellschaft. In: Arbeitsgruppe Bürgerschaftliches Engagement in München (Hrsg.): Studientag: Zwischen Egotrip und Ehrenamt, S. 43–54. 1997.

Mutz, Gerd; Korfmacher, Susanne: Das Projekt Switch – Ein take off für bürgerschaftliches Engagement. Voraussetzungen, Erfahrungen, Empfehlungen. Forschungsbericht an die Siemens AG. München: Siemens AG, CP. 2000.

Mutz, Gerd: Unternehmerisches bürgerschaftliches Engagement: corporate social responsibility Forschungsjournal Neue Soziale Bewegungen, 2, S. 77–86. 2000.

Schöffmann, Dieter (Hrsg.): Wenn alles gewinnen. Bürgerschaftliches Engagement von Unternehmen. Hamburg: Edition Körber-Stiftung.

Sozialreferat der Landeshauptstadt München: switch – die andere Seite(r), Weiterbildung für Führungskräfte. München. 2000.

Upj – Bundesinitiative Unternehmen: Partner der Jugend (Hrsg.): Zwischen Shareholder Value und Corporate Citizenship. Dokumentation des bundesweiten Kongresses: Unternehmen: Zukunft der Jugend – Hamburger Ratschlag am 06.12.1999 in der Handelskammer in Hamburg. Hamburg: UPJ.

Literatur für Kapitel 5 – Barbara Deubzer

Gilsdorf Rüdiger, Kistner Günter: Kooperative Abenteuerspiele I + II, Seelze-Velber: Kallmeyerische Verlagsbuchhandlung GmbH. 1997 + 2001.

Hollerbach, Anke: Spiel, Spaß und Verstehen. 72 Naturerfahrungsspiele, München: Deutscher Alpenverein e.V..1997.

Mary Henton: Adventure in the classroom: Jowa Kendall/Hunt Publishing Company. 1996.

Reiners, Annette: Praktische Erlebnispädagogik. Augsburg: ZIEL-Verlag. 2007.

Ruse, Dave: City Adventures, Münster: Ökotopia Verlag. 1996.

Sonntag, Christoph: Abenteuer Spiel. Augsburg: ZIEL-Verlag. 2005.

Annette Reiners

Praktische Erlebnispädagogik 1

**Bewährte Sammlung motivierender
Interaktionsspiele – Band 1
8. überarbeitete Auflage
172 Seiten, Format 20 x 24 cm
17,80 € (D) / 18,40 € (A) / 31,50 sFr
ISBN 978-3-937 210-93-3 (Softcover)**

Mit bereits 50.000 verkauften Exemplaren ist dieses Buch innerhalb kürzester Zeit zu einem Klassiker der erlebnispädagogischen Praxis geworden! Hier finden Einsteiger im Bereich der Erlebnispädagogik zuerst einige Hintergründe zur Interaktions- und Erlebnispädagogik, danach werden verschiedene Interaktionsaufgaben und erlebnispädagogische Spiele vorgestellt. Diese sind übersichtlich in verschiedene Stufen sowie Nachbesprechungshilfen strukturiert. Hinweise auf Ziel der Übung, das benötigte Material, die Gruppengröße, empfohlenes Alter der Teilnehmer sowie der Spieldauer sind sehr hilfreich für die praktische Umsetzung. Nützlich sind auch die Hinweise auf die Erfahrungen, die mit den Aufgaben gemacht wurden. Das Buch ist sehr empfehlenswert für die Arbeit mit Kindern und Jugendlichen in Schule, Jugendarbeit und Freizeit, aber auch gut in der Erwachsenenbildung und Personalentwicklung einsetzbar.

Aus dem Inhalt:

Erlebnis- und Interaktionspädagogik – Das Hahn'sche Konzept – Aktualität der Erlebnispädagogik – Die Frage nach dem Transfer – Interaktionspädagogik und soziales Lernen – Beschreibung von Interaktionspädagogik – Interaktionsspiele in der Erlebnispädagogik – Die Qualifikation eines Erlebnispädagogen – Übersicht der Spiele – Interaktionsspiele der zweiten und dritten Stufe – Nachbesprechungshilfen

Annette Reiners

Praktische Erlebnispädagogik 2

**Neue Sammlung handlungsorientierter
Übungen für Seminar und Training – Band 2
2. überarbeitete Auflage
272 Seiten, Format 20 x 24 cm
73 Illustrationen, 68 Abbildungen
19,80 € (D) / 20,40 € (A) / 35,00 sFr
ISBN 978-3-937 210-90-2 (Softcover)**

Band 2 des Bestsellers von Annette Reiners konzentriert sich auf handlungsorientierte Übungen für Seminare und Training. Im umfangreichen Praxisteil bietet dieser Band über 120 erprobte erlebnispädagogische Übungen, die – nach Anwendungskriterien und Schwerpunkten kategorisiert – übersichtlich präsentiert werden. Aus ihrem Erfahrungsschatz gibt A. Reiners hilfreiche Tipps und Diskussionsanregungen zu den einzelnen Übungen und erweitert das Repertoire durch zusätzliche Variationsmöglichkeiten. Ein unschätzbarer Fundus für die Seminar- und Trainingsarbeit!

Aus dem Inhalt:

Phasenmodell – Praxisbeispiele – Kennenlernen – Warming-Up – Perspektivenwechsel, Einstimmung und Wahrnehmung – Kommunikation, Argumentation und Entscheidung – Kooperation und Strategie – City Bound – Reflexion und Ausklang

Helga Losche, Stephanie Püttker

Interkulturelle Kommunikation

**Theoretische Einführung und Sammlung
praktischer Interaktionsübungen
5. überarbeitete Auflage
256 Seiten / 42 Spiele und Übungen
ISBN 978-3-940562-28-9 (Softcover)
19,80 EUR / 35,00 sFr**

Kommunikation hat viele Seiten: verbal, nonverbal, durch Gestik und Mimik, tasten, fühlen, spüren und Sprache. Der erste Teil des Buches beschäftigt sich mit dem theoretischen Hintergrund Interkultureller Kommunikation. Wer oder was bestimmt Kultur? Wie lernt man Kultur? Warum machen die das ganz anders als wir? Behandelt werden auch Probleme in der interkulturellen Begegnung sowie Interaktions- und Kommunikationskompetenzen.
Der zweite Teil stellt eine Vielzahl von Interkulturellen Spielen und Übungen vor. Das Besondere an Spielen mit Menschen verschiedener Kulturkreise liegt in dem unterschiedlichen Verständnis und der spezifischen Bewertung von Kommunikation. Alle vorgestellten Spiele sind vielfach erprobt und durch Hinweise zu Zielen, Teilnehmerzahl und benötigtes Material einfach in der Praxis einsetzbar.

Aus dem Inhalt:

Kulturkreise – Kulturstandards – „Störfall" Kommunikation – Kommunikationsstrategien – Körpersprache – Soziale Beziehungen – Interaktionsfall/en – Wahrnehmung – Interaktions- und Kommunikationskompetenz – Spielend Kultur lernen?

Christoph Sonntag

Abenteuer Spiel

**Handbuch zur Anleitung kooperativer
Abenteuerspiele
2. überarbeitete Auflage
158 Seiten, Format 20 x 24 cm
37 Fotos / Abb. / Grafiken
17,80 € (D) / 18,40 € (A) / 31,50 sFr
ISBN 978-3-937 210-40-7 (Hardcover)**

Das Buch beinhaltet neben grundlegenden Theorien und Überlegungen zu kooperativen Abenteuerspielen auch viele Tipps und Anregungen für die eigene Praxis. Es setzt sich mit den verschiedenen Wahlmöglichkeiten und Verhaltensweisen der Spielleitung auseinander. Der Aufbau orientiert sich an den verschiedenen Phasen einen Spiels, angefangen bei der Planung bis hin zur Reflexion. Darüber hinaus werden einige Spielketten vorgestellt, Sicherheitsaspekte thematisiert und erklärt, wie es möglich ist, kurzfristig ein Spiel „aus dem Ärmel zu schütteln". Ziel des Buches ist, das Potenzial kooperativer Abenteuerspiele hervorzuheben und die Lust zu wecken, mit diesen Spielen zu arbeiten.

Aus dem Inhalt:

Definition kooperativer Abenteuerspiele – Einflussfaktoren – Merkmale einer guten Spielleitung – Das Erfinden von Spielen – Animation – Präsentationsmethoden – Moderation – Rolle und Aufgabe der Spielleitung – Interventionen – Reflexion – Umgang mit Konflikten – Feedback als Methode

Spinnennetz

Faltbares Spinnennetz

Mit diesem Tool zur Teamentwicklung haben Sie immer einen Joker in der Tasche. Wenn Sie Themen wie Fokus auf ein gemeinsames Ziel, gegenseitige Unterstützung und Durchhaltevermögen ansprechen wollen, dann haben Sie mit dem Spinnennetz ein wirkungsvolles Instrument zur Hand.
Im Nu aufgestellt und klein verstaut eignet sich dieses „Spinnennetz" sowohl für die klassische Aufgabe, als auch für die horizontale Version, bei der das Netz von der Gruppe gehalten und bewegt wird.
Es kann äußerst leicht verstellt und den Bedürfnissen der Gruppe angepasst werden.
Themenschwerpunkte
· Fokus auf ein gemeinsames Ziel
· Durchhaltevermögen
· Motivation
· gegenseitige Unterstützung
Einfach super praktisch: verpackt 60 x 10 x 10 cm – 1,2 kg, auch aufgebaut ohne Probleme vom Seminarraum ins Freie tragbar.
Auf- Abbauzeit: circa 5 min

Gruppengröße: 6 bis 12 Personen
Dauer: je nach Gruppengröße von ca. einer Stunde bis ca. zwei Stunden (ohne Nachbesprechung)
Preis: 290,00 €

Teamspirit Lifter

Themenschwerpunkte: Kommunikation, Koordination, Führung, Coaching

Worum geht es?
Mit Hilfe des Teamspirit Lifters verschiedene Bauteile übereinander stapeln

Gruppengröße: Zwei bis Zwölf, bzw. 24 als Coachingaufgabe
Ausführungsdauer: 10 – 45 Minuten
Material: Teamspirit Lifter, sieben Bauteile, Seil für Seilkreis, praktisch in einem Holzkistchen verpackt, mit Übungsanleitungen
Preis: 189,00 €

Puzzle

Performance Puzzle

Ein verzwicktes Puzzle, bestehend aus 14 verschiedenen Brettern: Es gilt in einer ersten Phase, die Teile richtig zusammen zu stellen. Wenn dies geschafft ist, hat das Team die Aufgabe, einen „Produktionsablauf" zu entwickeln, wie das Puzzle unter einer Minute zusammengebaut werden kann. Dies erfordert eine gute Koordination, Rollenverteilung und Kommunikation untereinander.
Die Aufgabe eignet sich auch besonders gut im Wettbewerb durchzuführen. Die Abmessungen sind so ausgelegt, dass eine Gruppe mit dem Überblick herausgefordert ist, aber die Teile dennoch gut transportiert werden können.
Themenschwerpunkte
· Teambildung und -entwicklung
· Messbare Resultate unter Druck erzielen
· Strategie
Puzzle (aufgebaut circa 2 m x 1 m), verpackt in handlichen Transportsäckchen

Gruppengröße: 4-6 Personen
Dauer: 70 min (ohne Nachbesprechung)
Preis: 190,00 €

Auch als Table Top Version lieferbar (aufgebaut circa 1 m x 50 cm).

Performance Puzzle Table Top	170,00 €
Performance Puzzle Table Top 2er Set	300,00 €
Performance Puzzle Table Top 4er Set	550,00 €

Augenbinde

Das verstellbare Elastikband und die Größe, die die Augen gut abdeckt, machen diese Augenbinden zum unentbehrlichen Hilfsmittel für Aufgaben wie zum Beispiel „Führungsparcours", „blindes Vieleck", diverse Kommunikationsaufgaben und vieles mehr.

Set à 5 Stück
Preis: 12,00 €

Weitere Seminarmaterialien unter www.ziel-verlag.de

Bestellungen bitte an:

ZIEL – Zentrum für interdisziplinäres erfahrungsorientiertes Lernen GmbH
Kirchweg 5, 88138 Hergensweiler
Telefon (08388) 980 664, Telefax (08388) 980 665
E-Mail: verlag@ziel.org